CE1-CE2

15 défis d'écriture

Éric Battut
Géraldine Chabrolle

- 180 fiches à photocopier
- 2 niveaux de compétences
- 15 genres littéraires

RETZ
editions-retz.com

LES AUTEURS

Éric Battut a été enseignant en REP, maître formateur, enseignant spécialisé, conseiller pédagogique, auteur pédagogique et jeunesse. Il a à son actif des années de pratique auprès de tous les publics scolaires, notamment les plus fragiles. Il est un spécialiste des difficultés d'apprentissage et est expert sur les questions de différenciation pédagogique.

Géraldine Chabrolle est professeure des écoles maitre formateur à Paris en REP.

Ensemble, ils ont écrit « Fluence + Fluidité » CE et « Fluence + Fluidité » CM.

Nos remerciements vont
à André Ouzoulias, qui a toujours su produire
chez ses lecteurs des effets Euréka ;
à Jacques Crinon, dont les travaux didactiques
auront irrigué nombre des intentions de cet outil
et de sa démarche, ainsi que pour sa fidèle amitié ;
à nos élèves et ceux de nos collègues qui ont offert
la richesse de leurs textes ainsi que leur enthousiasme à les produire.
Enfin, à Pierre pour son investissement sans limite.

92 avenue de France 75013 Paris
contact@editions-retz.com
Dépôt légal : octobre 2025 – code éditeur : 264520
ISBN : 978-2-7256-4746-3

Sommaire

Guide pédagogique

Défis

L'ENJEU

Tout comme les Instructions officielles, les professeurs affirment **l'importance d'une pratique intensive de la production d'écrit**. Cependant, ils reconnaissent leurs difficultés à l'enseigner. Un rapport de l'Inspection générale IGÉSR relate qu'à la question « il me semble assez bien enseigner la production de textes », 97,5 % des professeurs répondent « non ».

Deux conséquences :

- « Les temps dédiés aux activités d'écriture se révèlent limités, en fréquence comme en durée[1]. »
- On observe « une faible appétence pour la production d'écrits et des difficultés à rédiger[2] ».

Il nous est alors apparu qu'une part de la solution permettant de surmonter ces obstacles se trouvait dans les propositions qu'André Ouzoulias formulait dans un petit ouvrage limpide[3]. Il s'agit pour lui de tout mettre en œuvre pour que les élèves passent à l'acte d'écriture malgré la difficulté que cela représente pour eux, et (oserons-nous ajouter) pour leurs professeurs. Son protocole s'appuie sur deux principes simples visant à ce que les productions des élèves soient :

- **d'emblée lisibles**, afin de limiter les allers-retours démobilisateurs et les garde-fous dans un premier temps superflus, notamment les planifications préalables qui diffèrent le passage réel à la mise en mots et démobilisent toute velléité de raconter par écrit ;
- **d'emblée communicables**, afin qu'un lecteur puisse s'en emparer immédiatement, sans trop différer la réception du texte produit, en évitant le temps pris pour une surcorrection qui a, de surcroit, pour conséquence d'affadir le texte initial.

LA STRATÉGIE

Il s'agit finalement d'éviter d'enfermer les élèves dans un **système autobloquant**[4] par trop de contraintes initiales et finales imposées. Pour réussir à respecter les deux principes posés par Ouzoulias, nous appliquons quelques stratégies :

- **La motivation** autour de l'idée de **défi**. Il permet de **susciter le désir et le plaisir de raconter**. Il **réenchante** ces temps en donnant l'occasion de produire des écrits qu'on a plaisir à transmettre, puisqu'on sait qu'ils seront lus, non par le seul professeur de la classe, mais surtout par des élèves. Ainsi, **« ça vaut le coup »**, car réussir son texte, c'est gagner l'adhésion des lecteurs.
- **L'écriture générative**. Tout est fait pour que les élèves puissent échapper à la difficulté majeure de la cohésion textuelle qui, dans notre ouvrage, est largement portée par le « texte source » de référence présent dans chaque module :
  - par ce texte ressource, la mise en genre littéraire est disponible,
  - et pourtant chacun va produire un texte personnel et faire preuve d'imagination et de créativité...
  - dans un temps de production court et bien rythmé.

L'élève est inscrit dans un cadre rassurant qui **modélise sans contraindre**.

LE MODULE TYPE

Pour chaque défi, **l'élève dispose** :

- de **la consigne** du projet d'écriture : son cadre et les contraintes afférentes. Cette consigne lui précise explicitement les **critères de réussite**[5] attendus de sa production. Affiché dans la classe et présent dans un cahier de classe, ce cadre consigne « accompagnera [...] l'élève tout au long du processus d'écriture et de révision[6] » ;
- du **« texte source »** qui illustre le genre, la figure littéraire[7], le cadre narratif et syntaxique du texte personnel qui devra être produit ;

1. Rapport de l'Inspection générale IGÉSR, « L'enseignement de la production d'écrits à l'école primaire : état des lieux et besoins », n° 22-23 277B, juillet 2023.
2. Rapport du CNESCO, Conférence de consensus « Écrire et rédiger : comment guider les élèves dans leurs apprentissages ? », 2018.
3. André Ouzoulias, *Lecture écriture, Quatre chantiers prioritaires pour la réussite*, Retz, 2022.
4. *Ibid.*
5. « Dans le domaine de la production d'écrits, les critères de réussite doivent aussi être définis et partagés avec les élèves », Rapport de l'Inspection général IGÉSR, *op. cit.*
6. Guide DGESCO-MEN, *Pour enseigner la lecture et l'écriture au CE1, 2021.*
7. Nous appelons figures littéraires les entrées littéraires que les programmes 2025 proposent au cycle 3, à savoir « la figure du héros », « vivre d'autres vies », « se confronter au merveilleux », mais aussi « la ruse », « traques et poursuites », « la métamorphose », « dilemmes moraux »...

- d'un **« texte d'enrichissement »**, second texte qui répond au premier puisqu'il traite lui aussi de la même figure littéraire, mais apportant sa propre manière de l'exploiter. Il est lui aussi inducteur du texte que produira l'élève ;
- de **deux vraies productions d'élèves** réalisées dans des classes permettant de voir comment d'autres élèves se sont emparés des mêmes consignes et des mêmes contraintes ;

EXPLOITER LES PRODUCTIONS D'ÉLÈVES

Ces productions peuvent servir à différents moments et à différents élèves :

En amont du défi : en différenciation, comme modèles inducteurs pour les élèves les plus fragiles, ne parvenant pas à entrer dans leur production.

En début de défi : comme lanceurs complémentaires au « texte source » s'il apparaît difficile aux élèves. En cours de défi : lorsque les élèves ont déjà produit et se trouvent en mal d'idées. Leur lire ces productions qui relanceront les possibles.

En aval du défi : pour voir comment d'autres élèves, d'autres classes se sont emparés du défi.

- de 4 fiches d'activités déclinées en 2 niveaux de compétences proposant des **outils d'aide à la rédaction** qui viennent enrichir la figure littéraire et permettre à l'élève d'imaginer comment réussir à atteindre l'objectif posé par la consigne, voire comment dépasser le cadre proposé par le « texte source » ;
- d'une **« grille de réussite »** (dernière de ces fiches), qui rappelle explicitement les attendus du projet d'écriture invitant l'élève par des feedbacks à réinterroger sa production ;
- d'une **grille de codage des erreurs d'orthographe** lui permettant d'autocorriger sa production.

Pour chaque défi, **le professeur dispose** :

- de la page **« Informations pour l'enseignant »** :
  - elle explicite les consignes et contraintes du projet d'écriture ;
  - elle définit la figure littéraire ;
  - elle souligne les points essentiels et spécifiques de cohérence et cohésion de chacun des défis ;
  - elle donne des pistes pour une aide aux élèves, pour favoriser l'autocorrection.
- d'une proposition **de grille de codage des erreurs d'orthographe** à partager avec ses élèves.
- de la **grille critériée de réussite**[8] lui permettant :
  - d'échanger avec l'élève sur le bon respect des attendus du texte à produire ;
  - de relancer l'élève en lui donnant des idées d'enrichissement de son texte.

CORRÉLATION AUX INSTRUCTIONS OFFICIELLES

a. La prescription didactique des programmes 2025

Les programmes officiels 2025 pour le CE1 et le CE2 prescrivent que « la fréquentation des textes irrigue la pratique de l'écriture ». Et que, d'autre part, « l'écrit se nourrit et se structure à partir d'écrits exemplaires (phrases prototypiques ou extraites de textes littéraires) auxquels l'élève emprunte du vocabulaire, des manières de dire, l'orthographe des mots ».

→ Conformément, « 15 défis d'écriture » fait partir chacun des 15 projets d'écriture d'un « texte source » qui sert de référence, inscrivant la production personnelle des élèves dans un genre, une figure littéraire, un style, des structures, des intentions littéraires, **un cadre narratif et syntaxique qui sert de lanceur.**

b. La progression prescrite par les programmes 2025

Pour le CE1 :

- Dès la période 1 : Écrire un texte court d'une à trois phrases.
- Au cours des périodes 1 à 5 : Insérer des connecteurs pour rendre cohérent l'enchainement de plusieurs phrases.
- En fin d'année : Écrire un texte de six ou sept phrases maximum en assurant la cohérence syntaxique et logique du texte produit.

8. « Le professeur doit préciser ce sur quoi portera son évaluation, ses attentes en termes de critères de réussite, ses exigences », Rapport de l'Inspection général IGÉSR, *op. cit.*

Pour le CE2 :

- Écrire un texte d'une dizaine de lignes : respecter la syntaxe, les règles orthographiques étudiées, réemployer un lexique précis et prendre en compte des contraintes d'écriture.

→ « 15 défis d'écriture » propose une progressivité dans les modules. Mais ils peuvent tous être déployés indifféremment en CE1 ou CE2 selon les fiches 1 ou 2 étoiles qui seront employées, mais aussi selon les contraintes de longueur imposées aux élèves.

c. La DGESCO : produire fréquemment

Dans son guide[9] *Pour enseigner la lecture et l'écriture au CE1*, la DGESCO affirme que « la pratique très fréquente de la rédaction garantit des progrès rapides ». « La séance de rédaction ne doit en aucun cas être la variable d'ajustement dans l'emploi du temps. Multiplier les séances d'entraînement sert, d'une part, à automatiser certaines dimensions de l'écriture et, d'autre part, à favoriser l'élaboration de stratégies et de démarches différentes. »

→ « 15 défis d'écriture » **multiplie les occasions de produire des textes et permet de maximaliser les temps de production** qui s'inscrivent centralement dans l'emploi du temps. Ainsi, les élèves progressent fortement.

d. L'IGÉSR : privilégier la mise en texte

L'Inspection générale fait remarquer que « le temps de prise de parole de l'enseignant est souvent repéré comme important, obérant le temps d'écriture de l'élève[10] ». De plus « la phase préparatoire, souvent très longue, a trop tendance à prendre le pas sur le temps effectif d'écriture des élèves[11] ».

→ « 15 défis d'écriture » privilégie avant toute chose **« la mise en texte »**, le passage à la production.

e. L'IGÉSR : gérer l'hétérogénéité de compétences

L'Inspection générale fait remarquer que « l'adaptation aux progrès des élèves et la différenciation ne sont pas observées ou sont insuffisantes dans près de la moitié des classes ».

→ « 15 défis d'écriture » offre les outils d'une production écrite pilotée et étayée, prenant en compte l'hétérogénéité de compétences des élèves. **Deux parcours sont systématiquement proposés**, les fiches d'aide à la production étant toujours doublées, proposant toujours des activités adaptées aux différents besoins des élèves.

- L'élève expert a de vastes degrés de liberté et peut s'échapper du cadre contraint s'il s'en sent capable. Il peut enrichir son texte en toute autonomie à l'aide des outils complémentaires.
- L'élève plus en difficulté s'appuiera sur le cadrage proposé, plus ou moins strictement, bénéficiant des ressources disponibles dans le « texte source », le « texte d'enrichissement » et grâce aux activités et outils complémentaires qui lui sont proposés.

LES DÉMARCHES DE DIFFÉRENCIATION

« 15 défis d'écriture » a été pensé comme **un outil de différenciation**. Nous avons pleinement conscience du fait que l'hétérogénéité est l'une des difficultés modales de la gestion de classe en production d'écrits. Dans notre démarche, tous les élèves disposent d'un travail adapté pouvant être réalisé en complète autonomie, libérant ainsi le professeur qui peut alors se porter vers les élèves en réels besoins.

Cet ouvrage offre donc des outils pour permettre à tous les élèves de produire quelles que soient leurs compétences initiales. Les activités d'aide à l'écriture sont toujours proposées selon deux entrées, chaque fiche étant dédoublée en niveau 1 étoile ou 2 étoiles, permettant d'outiller les élèves en fonction de leurs différents besoins. Ce sont donc de véritables parcours différenciés qui peuvent être suivis par chaque élève **en totale autonomie**. Pour autant, si les activités sont adaptées à chacun, elles n'empêchent pas le retour au collectif. C'est la force de notre approche de la différenciation : sera toujours maintenu le groupe classe, groupe social, qui a vocation à ce que les élèves apprennent ensemble. Ainsi, si les fiches étoilées permettent des appropriations différenciées autonomes, on maintient à d'autres moments les retours au grand groupe. L'esprit du défi se situe d'ailleurs là : dans l'idée d'échanges et de partages entre les « auteurs » des textes produits et les lecteurs de ces mêmes textes, leurs retours induisant des exigences, des sauts qualitatifs de la part des petits producteurs de textes. Ainsi, personne ne demeure à son petit niveau, chacun est amené à progresser.

---

9. *Pour enseigner la lecture et l'écriture au CE1*, DGESCO-MEN, 2021.
10. Rapport de l'Inspection générale IGÉSR, *op. cit.*
11. *Ibid.*

Tous capables !

Nous évitons ce travers qui consiste à penser qu'écrire est un don des muses, l'élève (ainsi que son professeur) ne pouvant que constater qu'il est doué ou qu'il ne l'est pas. Au contraire, écrire s'apprend et se construit, certes patiemment, mais réellement.

QUE SAIT-ON DES COMPÉTENCES DE PRODUCTEURS DE TEXTE DES ÉLÈVES ?

Depuis les travaux fondateurs de Michel Fayol[12], on sait que les élèves savent très tôt raconter puis transcrire à l'écrit une histoire cohérente. Jérôme Bruner[13] montre même qu'ils adorent ça !

Leur manière spontanée d'agir consiste en une « mise en mots » sans réelle planification, dans un fonctionnement direct de l'idée à l'écriture, bousculant le fameux modèle de Hayes & Flower en trois étapes : planification – mise en texte – révision. Leur démarche est plutôt : pas de planification, une production spontanée, peu de révision.

Cependant, si les élèves produisent des textes généralement courts, ils sont complets en ce sens qu'ils suivent un déroulement cohérent, se développant autour d'évènements logiques auxquels sont soumis un ou des personnages et aboutissent dans l'immense majorité des cas à une chute sous la forme d'une morale[14].

Par ailleurs, leurs productions sont généralement de simples trames narratives, voire les résumés d'une histoire que le petit auteur a imaginée, et avait envie de raconter, mais qu'il n'a pas forcément restituée comme il le souhaitait. On peut faire l'hypothèse que les difficultés qui se dressent devant lui le rebutent, lui laissant entrevoir un échec. On peut également plus surement avancer que la formulation de ce qui est relatif aux ressentis des personnages, aux raisons qui les amènent à agir sont laissés de côté au profit des actions (« la liste des faits ») qui font progresser le récit, de même que la présentation des contextes d'arrière-plan jugés rébarbatifs à développer.

L'élève encore en acculturation de l'écrit est plus à son aise dans la transcription scripturale de ce qui se dit à l'oral. Ainsi, malgré de bonnes intentions initiales, les jeunes élèves ne déplient pas leurs intentions, ne cherchent que trop rarement à remplir les interstices de leurs textes, se maintenant en surface de la chaine des faits et des actions.

Les actes des personnages sont supposés en dire assez sur ce qu'ils ressentent. Il est difficile de relater les infinies nuances des émotions, toujours incertaines. Mais même lorsque cet intime des intentions et des ressentis des personnages est connu du jeune auteur, il ne juge pas nécessaire de le raconter. C'est là que la présence ou non d'un lectorat prend toute son importance. À quoi bon tant d'efforts à développer la qualité d'un texte s'il n'est lu que par l'auteur lui-même ? La question est finalement là : ce texte produit aura-t-il un lecteur qui justifierait que l'on se donne la contrainte d'apporter des précisions guidant la compréhension fine ?

Claire Doquet[15] a analysé deux attitudes de producteur de texte selon sa destination. Dans le cas de **« narrations de souvenirs »** où l'élève est invité à raconter une part de sa vie[16], le jeune auteur raconte dans un « mode d'accumulation » les informations ordonnées chronologiquement, sans réels retours ou relectures intermédiaires. Il se centre quasi exclusivement sur la question « qu'est-ce que je vais dire ? ». Puis, en toute fin, il modifie son texte à la marge, souvent dans ses seuls aspects orthographiques.

Il en est tout autrement lorsque l'élève est invité à écrire un **texte qui sera destiné à être lu** par d'autres sur un sujet moins intime. Dans ce cas, on observe que l'élève opère des allers-retours continuels vers ce qu'il a déjà écrit à mesure qu'il avance dans sa rédaction en de prudentes relectures incessantes[17]. Adoptant **la double posture de l'auteur et du lecteur**, l'élève ne s'intéresse plus seulement à ce qu'il veut dire, mais surtout à « comment vais-je dire pour que mon lecteur comprenne et s'intéresse ? ». Il s'ensuit une intention qualitative qu'il n'ambitionne pas dans la rédaction d'un texte dont il est le seul destinataire.

12. Michel Fayol, *Des idées au texte. Psychologie cognitive de la production verbale, orale et écrite*, PUF, 1997.
13. Jérôme S. Bruner, *Pourquoi nous racontons-nous des histoires ?*, Paris, Retz, 2002.
14. Voir à ce propos les travaux de Jacques Crinon ou de Colette Corbin.
15. Claire Doquet, « Genèse des textes, genèse des scripteurs : regards sur la langue dans l'écriture. », In Annie Piolat, *Écriture : approches en sciences cognitives*, Presses universitaires de Provence, 2004.
16. Ce qu'il a fait le week-end ou pendant ses vacances, par exemple.
17. Claire Doquet parle de « mode de récurrence » par opposition au « mode d'accumulation ».

QUE SAIT-ON DES ATTENDUS DES PROFESSEURS ?

De nombreux travaux ont analysé la manière dont les professeurs évaluent les productions d'écrits de leurs élèves. En voici une, représentative du 1er degré[18].

- 82 % attendent le « respect de la consigne de départ, respect de la contrainte d'écriture imposée ».
- 64 % sont attentifs à « la dimension sémantique : contresens, erreurs d'interprétation ».
- 62 % sont sensibles au fait que les élèves aient fait usage « des aides à la réécriture ».
- C'est donc d'abord la posture d'élève apprenant qui est attendu : un élève qui applique ce qui a été commandé.
- Moins d'un professeur sur deux déclare privilégier le contenu linguistique et grammatical :
  - 47 % : cohérence du texte (temps, connecteurs et articulateurs, savoir-faire textuels).
  - 45 % : la précision syntaxique.
  - 39 % : la qualité orthographique.
- On remarque que la dimension « créative » n'apparaît pas dans ces critères. On peut les considérer comme un impensé fortement présent dans les esprits, mais peu explicite. Elle est la petite cerise sur le gâteau qu'on adore trouver, mais dont on ne prend pas plus ombrage que ça si elle nous échappe.

Voilà qui induit que l'activité de production d'écrits apparaît comme une tâche sans supplément d'âme. On peut donc estimer qu'il risque d'en être de même pour les élèves qui pourraient n'y voir qu'un exercice imposé sans autre intérêt que la recherche de la conformité à l'attente de leur professeur.

On comprend dès lors l'intérêt d'inscrire ce projet d'écriture dans un « **défi** ». En situation de défi, l'élève sait qu'il sera lu par ses pairs et dès lors il ambitionne d'être compris et de plaire à de vrais lecteurs, en se donnant les moyens de jouer sur les effets et les formes, dépassant le strict fait de produire pour soi ou pour simplement répondre à une consigne scolaire.

POURQUOI DES DÉFIS ?

Le défi renvoie à un enjeu, une émulation, l'ambition de réussir à surmonter un obstacle. **Produire un écrit est donc en soi déjà un défi.**

La mise en défi permet une lecture esthétique des productions d'élèves. Le défi permet de prendre en compte le plaisir du lectorat. Est alors portée « une attention aux effets produits, aux ressorts émotionnels suscités par la mise en intrigue[19] ». Si la dimension formelle qui intéresse vivement le professeur n'est pas à négliger, tout ce qui concerne la dimension normative de conformité, tant la cohésion que la cohérence[20] de la production et le respect des codes langagiers, demeure dans un premier temps. Ou plus exactement, c'est le plaisir du lecteur qui passe avant, puis vient alors la nécessité d'un lissage formel qui rendra le texte conforme aux usages de la langue, sans pour autant l'affadir.

Mais il peut également prendre une tournure plus compétitive en posant des critères qualitatifs permettant de primer certains écrits (voir page 19). Il est intéressant d'envisager que la classe choisisse elle-même les textes qu'elle préfère et leur attribue des prix : par exemple, le prix de l'humour, le prix de l'originalité, le prix de la meilleure chute, le prix de l'émotion… et bien sûr le grand prix.

Dans l'idéal, on peut imaginer, comme nous l'avons longtemps fait au sein de notre circonscription, d'opter pour un VRAI défi entre différentes classes. Le protocole est alors le suivant : chaque classe[21] choisit trois textes parmi les productions de ses élèves. Puis, elle les transmet à un jury représentatif qui distribue les prix comme expliqué plus haut.

C'est également possible dès que deux classes sont engagées, par exemple sous la forme d'une correspondance scolaire, ou simplement au sein d'une même école. Cependant, plus il y a de classes, plus c'est intéressant. La taille d'une circonscription peut être le bon échelon en incitant les classes volontaires à s'engager dans cette démarche de défi.

18. Belinda Lavieu-Gwozdz, « Écrits d'élèves, contraintes de la langue », *Le français aujourd'hui*, n° 181, 2013.
19. François Le Goff, La fiction : vers un modèle didactique de l'écriture ?, *Le français aujourd'hui*, 228, 2025.
20. La cohésion concerne les éléments formels, tant grammaticaux que textuels, et en premier lieu la syntaxe, les temps verbaux et les connecteurs qui harmonisent et unifient.
La cohérence est relative à la dimension sémantique du texte pris dans sa globalité, les rapports étroits que les idées entretiennent pour assurer une logique argumentative ou narrative.
21. À faire choisir par les élèves eux-mêmes, ils ne choisissent que rarement ceux que les professeurs choisiraient eux-mêmes…

LES TEXTES « SOURCES »

Chaque défi d'écriture s'appuie à sa source sur un texte de référence qui donne la tonalité et le champ d'exercice dans lequel va se situer le projet d'écriture sollicité. Il est en effet « souhaitable que les élèves puissent se confronter à des situations de lecture parallèlement aux situations d'écriture qui leur sont proposées[22] ». Ce texte donne à lire, à voir, à emprunter. On parle **d'aides analogiques**, lorsque les Instructions officielles emploient le terme d'« écrits modélisants ». Il est un « déjà-là » dont l'élève va se nourrir. Ce texte d'amorce s'inscrit dans un style narratif, mais laisse la liberté à l'élève de produire son texte d'invention personnel, puisqu'il ne s'agit pas d'écrire une suite ou d'écrire « à la manière de », mais d'utiliser ce texte comme ressource, tremplin, par le foisonnement de possibles qu'il offre, ouvrant sur d'autres possibles.

Ce texte de référence est rejoint par d'autres. Un second texte de référence dit « texte d'enrichissement » vient apporter ses nuances sur la manière d'aborder un genre, un thème, une figure littéraire. Il est un second « déjà-là » qui nourrit à son tour, mais, parce qu'il offre encore d'autres possibles, éloigne l'élève de la tentation d'une imitation trop étroite du premier texte.

Après leurs premiers jets, les élèves vont également disposer de deux autres productions qui ont, cette fois, la particularité d'être des textes produits par des élèves de leur âge. Loin de l'expertise des deux textes d'auteurs adultes, ces propositions montrent comment des enfants ont su s'emparer du sujet. « Comparant leur texte à celui d'un pair, les élèves vont progressivement pouvoir prendre conscience de ce qui fait la réussite de la tâche à réaliser[23]. »

Ils mettent rapidement le doigt sur ce qui fait l'essentiel du projet d'écriture, offrent encore et toujours d'autres possibles. Ces textes d'élèves « prouvent » que ce défi est atteignable, ce dont les élèves pourraient douter à la lecture des seuls textes d'auteurs experts.

ÉCRITS D'INVENTION : « ORIGINAL » VERSUS « PERSONNEL »

Dès lors qu'on s'appuie sur d'autres textes, peut-on encore considérer que nos élèves produisent des textes d'invention ? « Toute écriture est réécriture », affirme Bakhtine[24], en ce qu'elle renvoie toujours à des attaches : univers, genres, réseaux, thèmes, intentions... L'écrit littéraire est donc par essence intertextuel[25].

Si cela est vrai pour les grands auteurs, il en sera de même pour nos petits élèves en formation. « Comment apprendre à écrire en effet si ce n'est en imitant des modèles, en s'emparant des mots des autres ? Inventer un style ne viendra qu'ensuite, peut-être[26]. » Ainsi, ce que nos élèves vont produire ne peut pas être qualifié d'« original », mais il s'agit bien d'une production « personnelle » où le jeune auteur est totalement engagé. Il opère des choix d'emprunts dans une grande diversité de ressources parvenant à les assembler à son profit et à celui de son lecteur à venir. Il ne s'agit pas de le placer dans l'injonction d'atteindre le graal de l'invention dont les plus grands auteurs osent eux-mêmes se passer.

VERS L'ÉPAISSISSEMENT

Lorsque les élèves ne sont pas accompagnés quand ils passent d'un premier jet à un second, on observe qu'ils procèdent à des modifications consistant en des « redites ou des ajouts décoratifs[27] ». Alors que, nourris de plusieurs textes ressources, ils parviennent à opérer des sauts qualitatifs narratifs, stylistiques, mais aussi sur les états affectifs et cognitifs des personnages ainsi que leurs expressions émotionnelles. On observe que l'habitude de procéder ainsi permet aux élèves d'oser retoucher fortement leur texte initial. Au fil de l'année, ils se libèrent et l'on voit leurs compétences se transférer dès leurs premiers jets, avant même de se nourrir des ressources. Ils progressent dans l'autorisation qu'ils se donnent d'écrire sans crainte et sans contraintes autobloquantes, dotés désormais d'expériences cumulativement acquises par la répétition de ces occasions d'écrire.

22. Guide DGESCO-MEN, *Pour enseigner la lecture et l'écriture au CE1*, 2021.
23. *Ibid.*
24. Mikhaïl Bakhtine, *Esthétique et théorie du roman*, Gallimard, 1978.
25. Gérard Genette, « Palimpsestes », *La littérature au second degré*, Le Seuil, 1982.
26. Jacques Crinon, Lire et écrire la fiction : quelques malentendus, *Repères*, n° 33, 2006.
27. *Ibid.*

4 FICHES D'AIDE À LA RÉDACTION

Chaque module se compose de 4 fiches d'aide à la rédaction. Chacune de ces fiches est dédoublée pour offrir deux parcours différenciés que les élèves d'une même classe peuvent suivre parallèlement en étant maintenus sur le même projet d'écriture.

Ces activités visent à doter l'élève d'outils d'enrichissement du texte qu'il produit au moment où il le produit. À plus long terme, elles ambitionnent d'accroitre ses compétences d'auteur par un effet cumulatif, au fil des défis d'écriture réalisés.

Fiche 1 :
« Caractériser le genre et la structure »

Avec leur professeur, les élèves analysent le genre, la figure littéraire, ainsi que les procédés utilisés par les auteurs pour construire un récit qui sache toucher son lectorat. « Le professeur organise un échange collectif pour aider les élèves à exprimer le sens du projet d'écriture, à se représenter les caractéristiques de l'écrit demandé[28]. » Il s'agit de comprendre par quels moyens le texte produit de tels effets.

Cependant, il convient que cette étude des formes ne vienne pas entraver ou contraindre la production à venir de l'élève, qui ne répond pas à un exercice, mais qui, à cette étape, se nourrit, se cultive pour cheminer seul à partir de là où il en est et vers où il veut aller.

- Ainsi, cette première étape n'ambitionne pas de proposer une imitation du texte initial. **Sa fonction est d'offrir un contexte, des formes stylistiques possibles, ainsi que des bribes narratives envisageables.** Pas plus. Pour ce texte comme pour les autres qui sont aussi proposés pour chaque module (généralement 4 textes, deux d'auteurs reconnus, deux autres produits par des élèves), il s'agit d'inviter à l'emprunt soit sous la forme d'imitation de tel ou tel aspect, soit de copie de tel ou tel mot, syntagme ou expression. Mais ce que l'on observe plus souvent c'est que la rencontre avec le texte ressource offre des « moments eurêka[29] », où d'immenses portes s'ouvrent alors que quelques minutes avant, l'élève était dans la passivité cognitive.

Si ce texte ressource est lu dès le lancement du projet d'écriture, il est disponible à la relecture et à l'usage à toutes les étapes suivantes. C'est en ceci qu'il est fondateur, c'est un référent, le « grand frère » de notre texte à venir, sans se substituer à lui.

Certains construiront leur texte au plus près de cette ressource. D'autres au contraire chercheront à s'en éloigner fortement. Ces attitudes différentes souvent relatives au tempérament du jeune auteur sont toutes valides, car en partant de qui il est et d'où il part, elles sont toutes en elles-mêmes sources de progression.

Fiches 2 et 3 :
« Premiers essais d'écriture »
« Les outils pour mieux écrire ton texte »

Nous réunissons ici ces deux étapes, car elles ne sont pas successives, mais s'opèrent par des allers-retours, des ajustements successifs, des remords, voire des renonciations avant de se relancer autrement. Pour que cela soit rendu possible, nous invitons les élèves à écrire au dos des fiches ou mieux encore sur des feuilles volantes (voir à ce propos la page 12) afin d'oser bousculer ce qui a déjà été écrit et qui n'est cependant pas sacré.

- Certaines activités visent à **aider les élèves à se lancer dans leur production en proposant des possibles** et les invitant à tester quelques pistes qui pourront demeurer des explorations sans finalisation, mais qui auront aiguillé vers le projet personnel du petit auteur.
- D'autres activités mettent le doigt sur des **vigilances préalables** afin d'éviter quelques chausses-trappes.
- La majorité des activités arrivent en cours de production, distillant des **outils d'enrichissement** qui viennent au moment où l'élève, s'étant déjà confronté à des possibles et ayant croisé des obstacles, a besoin de ces apports.

Généralement, et heureusement, ces activités recoupent souvent celles que l'on travaille par ailleurs en étude de la langue avec d'autres intentions : adjectifs, adverbes causals, adverbes d'intensité, connecteurs, choix des temps… Ces outils linguistiques scolaires servent le propos, montrant leurs réelles fonctions au-delà des exercices d'entrainement travaillés par ailleurs. Notre ambition est donc, au fil des modules, de proposer aux élèves ces outils de langue avec une intention de mise au service de l'épaississement du texte.

28. Guide DGESCO-MEN, *Pour enseigner la lecture et l'écriture au CE1*, 2021.
29. Selon l'expression de Gérard Chauveau. Pour désigner la même expérience, Vygotski parlait d'« instant ah ! ah ! ».

Fiche 4 :
« Relire et enrichir ton texte »

- Cette fiche terminale est à utiliser une fois que l'élève a presque terminé son travail. Elle propose une grille critériée dite **« grille de réussite »**. Elle poursuit plusieurs objectifs visant à ce que l'élève puisse opérer un travail de feedback sur son propre travail, seul ou avec des pairs.
- Le haut de la grille rappelle à l'élève ce qui était attendu. Le doigt est pointé principalement sur l'usage qu'il a pu opérer des outils proposés au fil des activités d'aide des fiches précédentes, permettant par ce retour de les renforcer, voire de les reprendre.
- Une autre ambition est d'accorder une place pour que le professeur écrive un attendu spécifique qu'il propose à cet élève particulier, selon son besoin immédiat.
- Une autre encore vise à valoriser le travail d'échange que l'élève aura eu avec un ou plusieurs pairs qui auront lu sa production, dans l'idée de contributions coopératives.
- Y sont ensuite inscrits des éléments de clôture visant à donner de l'importance au produit fini, en rappelant que cet écrit doit être corrigé, bien écrit et bien classé.
- Au moment de cette clôture, l'élève est également questionné sur le regard qu'il porte lui-même sur sa propre production.

Lors de ces premiers essais, « le professeur évite de trop intervenir mais reste à la disposition des élèves[30] ».

LES RETOURS COOPÉRATIFS DES PAIRS

La force du défi est qu'il institue un rôle de première importance au lectorat. La lecture par les pairs va arracher l'auteur d'une écriture qui veut seulement répondre à la consigne[31]. Nous invitons fortement à ce que les élèves lisent les productions de leurs camarades. Le jeu de ces lectures en miroir permet au jeune scripteur de se positionner déjà comme un auteur singulier dans son écriture et dans sa sensibilité, qui peut dire : « J'attends qu'on me reconnaisse et qu'on me lise comme tel[32]. »

L'élève a écrit seul, mais il a écrit en parallèle d'autres qui ont également écrit seuls. Tous ces « seuls » ont en commun d'avoir produit à partir de la même consigne et en bénéficiant des mêmes aides analogiques. Et pourtant chacun est parti dans son texte personnel. Cette expérience commune d'avoir affronté les mêmes obstacles rend l'œil aiguisé sur la manière d'apprécier qualitativement les textes des autres. « Les interactions entre élèves sont particulièrement nécessaires. Elles augmentent la possibilité pour chacun de prendre de la distance avec son écrit[33]. »

Émerge alors une dynamique de défi qui favorise le dépassement de soi, invitant à gagner l'adhésion du lecteur à la fois par le respect du cadre imposé et par la proposition d'un texte d'invention, tout personnel.

L'ATELIER DE RÉVISION COLLABORATIVE

La notion de défi d'écriture invite à la lecture des textes produits par les pairs. On observe que loin de jalouser les textes des camarades, l'émulation du défi porte au désir d'aider chacun à se dépasser[34]. Cette stratégie gagne à être réalisée dans le cadre d'**ateliers collaboratifs**. Il s'agit pour un petit groupe d'élèves sous l'égide ou non du professeur de procéder à des commentaires visant à améliorer ou enrichir le texte d'un camarade.

Un texte d'élève (l'auteur) est lu. Les camarades (les lecteurs) le questionnent sur ses intentions, ses idées, ses formulations. Puis ils lui conseillent des améliorations ou enrichissements. Mais aussi, ils pointent leur surprise, leur plaisir, leur admiration.

L'élève-auteur reçoit un regard de lecteurs, percevant alors ce que son texte produit chez eux. Il découvre des points de vigilance à côté desquels il était passé. Il entend comment sont reçues ses trouvailles particulièrement réussies. Il prend conscience de ce que l'on doit donner pour intéresser un lecteur. Grâce à ces retours, il les découvre, en comprend l'importance, et éventuellement se les approprie ; ou non, selon son intention d'auteur. De leur côté, les camarades reçoivent la manière originale avec laquelle leur camarade-auteur a réussi à répondre aux contraintes de ce défi d'écriture auquel ils ont été également confrontés. Cette rencontre élargit le champ des possibles, leur

30. Guide DGESCO-MEN, *Pour enseigner la lecture et l'écriture au CE1*, 2021.
31. Pierre Sève, « Évaluer les écrits littéraires des élèves », *Repères*, n° 31, 2005.
32. Catherine Tauveron, « Sujet lecteur, sujet scripteur, quels enjeux pour la didactique ? », *Le Français aujourd'hui*, n° 157, 2007.
33. Guide DGESCO-MEN, *Pour enseigner la lecture et l'écriture au CE1*, 2021.
34. C'est encore plus vrai lorsqu'on applique le protocole de défi interclasse, que nous avons longtemps pratiqué auquel participait jusqu'à vingt classes d'une dizaine d'écoles.

permettant un enrichissement de leur propre texte chacun étant également auteur.

Par ailleurs, et de manière non négligeable, ce type d'échanges avec les lecteurs permet de surmonter l'un des obstacles majeurs de l'écriture relevés par les Instructions officielles à savoir que « l'écriture est un mode de communication différé, où celui qui écrit s'adresse à un interlocuteur absent[35] ». Ici, la présence des lecteurs au moment même où l'auteur produit son texte permet de surmonter en partie cet obstacle.

BROUILLON ET ÉCRITS SUCCESSIFS

La feuille, support de l'écriture, revêt une certaine importance. Si la page normée aux carreaux Séyès est l'espace scolaire légitime, elle porte en elle des normes qui ne favorisent pas toujours la libre expression des essais enfantins. Ce qui nous incite à proposer à l'élève de produire ses premiers jets sur une feuille blanche. Par exemple, une demi-feuille A4 positionnée en paysage offre la possibilité de produire de longues lignes sans se trouver perdu dans un espace vide trop vaste. Sans les carreaux Séyès l'élève peut se concentrer pleinement sur sa mise en mots sans contrainte formelle. Il pourra apparaître à certains d'entre vous que cette entrée serait trop peu scolaire, ce que nous pourrions comprendre. Et c'est pourquoi chacun choisira la stratégie qui convient le mieux à ses choix pédagogiques.

En revanche, il apparaît assez important que l'élève dispose de ses brouillons successifs. S'il corrige sur son premier jet, il ne distinguera plus les strates temporelles, l'ancien et le nouveau, qui dès lors à l'exception des ratures ne laissera plus apparaître les étapes successives. Face à cela, nous conseillons trois stratégies possibles :

- Pour son deuxième jet, l'élève repart d'une nouvelle feuille blanche : il met côte à côte son premier jet et sa nouvelle production. Il se sert de la première pour produire la seconde. Puis à la fin de cette étape, les deux feuillets sont agrafés l'un à l'autre. Une troisième feuille blanche est alors prise. L'intérêt de cette démarche est qu'elle permet à l'élève de modifier grandement sa production. Il dépasse largement le cadre de son premier jet. Il ose faire tout autrement. Mais comme il dispose de ses différents jets, l'élève peut à tout moment procéder à des allers-retours, des reprises.
- L'élève garde son premier jet, mais dispose maintenant d'un fac-similé, une photocopie de cette première étape, qui va lui servir de base à sa réécriture. Là encore les deux feuillets sont gardés, l'original et le fac-similé retouché. L'avantage maintenant est que l'élève n'a pas tout à réécrire. Il y a une dimension cumulative, simplificatrice, rassurante. Mais en même temps, elle est en partie limitante, car il n'est plus aussi simple de remettre en cause ce qui est déjà inscrit sur une feuille encombrée.
- Le choix d'un cahier : l'élève « rédige ses premiers essais sur la page de gauche du cahier d'écriture », alors qu'on « réserve la page de droite à la version finale du travail[36] ».

Quel que soit votre choix, il est important que « l'élève garde trace de ses tâtonnements et de ses erreurs. Garder trace de celles-ci, des omissions, des oublis rend tangibles les progrès[37] ».

LA QUESTION DES OUTILS DE LA LANGUE

La production écrite favorise les « apprentissages situés[38] » en ce sens qu'elle mobilise forcément des savoirs sur la langue qui dépassent la simple mise en mots d'un narratif imaginé. C'est à la fois la difficulté mais aussi l'**opportunité de situer en contexte ces savoirs** langagiers, orthographe, grammaire, vocabulaire, conjugaison, qui sans cela n'auraient que peu de sens et donc peu de chance d'être réellement acquis. Pour autant, ces défis d'écriture n'ont pas à être détournés de leur ambition. Faire produire des écrits d'invention reste l'objectif premier. Mais on ne doit pas éviter le détour par ces objets de langue tant ces outils servent, ou à défaut desservent, le propos selon qu'ils sont qualitatifs ou fautifs. C'est pourquoi, à toutes les étapes de leur production, les élèves disposeront d'activités « différées », c'est-à-dire en lien avec leur production mais réalisées hors des temps réels de mise en mots. Ces tâches ciblées et fonctionnelles en lien direct avec la qualité possible de la production de l'élève permettent de tester des réinvestissements immédiats, ce que l'on appelle généralement des transferts dont on sait combien ils sont difficiles à opérer. En situation de production, l'élève, et c'est normal, se concentre sur ce qu'il veut dire,

35. Guide DGESCO-MEN, *Pour enseigner la lecture et l'écriture au CE1*, 2021.
36. *Ibid.*
37. *Ibid.*
38. Selon l'expression de Linda Attal.

moins sur les moyens de le dire. Ces activités différées visent donc à le centrer par intermittence aussi souvent que possible sur ce versant essentiel de la production : sa pertinence langagière, et « il ne faut pas écarter la dimension répétitive de certains exercices à forte contrainte[39] ». Ces activités ne remplaceront cependant pas les nécessaires leçons de grammaire, d'orthographe ou de vocabulaire menées à d'autres moments dans le cadre d'une autre progression.

QU'EN EST-IL DE L'ORTHOGRAPHE ?

Produire un écrit n'a pas pour fonction d'apprendre à orthographier. Pour autant, une production n'est terminée que lorsqu'elle est orthographiquement parfaite. Pas question de laisser des fautes apparentes dans un écrit qui a vocation à être lu. D'où, pour le professeur, un certain dilemme : dois-je tout mettre en œuvre pour limiter les fautes au risque de freiner la spontanéité créative de mes élèves ? Dois-je au contraire laisser filer l'imaginaire et le crayon sur la feuille sans contraintes préalables pour ne corriger qu'à la fin ? Il n'existe pas de réponse unique à ce dilemme.

Nous avons cependant conscience que l'orthographe est encore en construction chez de si jeunes élèves. Nombre de leurs erreurs ne sont pas des fautes, simplement des erreurs, puisqu'ils ne maitrisent pas encore tout le panel des règles nombreuses et complexes de notre langue. Dès lors, comme opérer ?

En faisant produire nous-mêmes nos élèves et en observant différents enseignants, nous sommes en mesure de proposer quatre options, chacune étant efficace à sa manière, sans que l'une puisse être particulièrement à privilégier. Chaque professeur optera donc selon ses convictions et ses conceptions en gardant toujours en tête ce point modal qu'une production d'écrit ne peut être éditée qu'après avoir été parfaitement corrigée.

Option 1 : L'orthographe filée

Mise en mots et orthographe avancent ensemble

Le professeur rappelle explicitement l'importance d'encoder les mots avec une orthographe que l'élève estime juste. Il se questionne au moment d'écrire, il se tourne vers les outils disponibles, il questionne l'enseignant s'il doute. À chaque jet, l'enseignant corrige ou fait corriger le brouillon avant de passer au suivant, afin d'éviter que les erreurs se retrouvent de feuille en feuille et que l'œil de l'élève mémorise des écritures fautives.

- L'intérêt : en les transférant en situation, l'élève donne du sens aux règles qu'il apprend par ailleurs lors des leçons d'étude de la langue.
- La limite : il y a un risque que ces contraintes l'entravent dans son ambition de produire son texte en l'incitant à un usage de mots simples dont il maitrise préalablement l'orthographe. L'élève peut ainsi se retrouver dans ce système autobloquant que dénonçait André Ouzoulias.

Option 2 : L'orthographe différée

D'abord privilégier la mise en mots et en texte

Le professeur invite l'élève à élaborer son texte, puis à passer à la mise en phrases. Afin de ne pas brider l'ambition créative et narrative, l'orthographe est dans un premier temps laissée de côté. On privilégie la cohérence, la grammaire de texte, les temps verbaux, les connecteurs. L'orthographe fait l'objet d'une correction différée lorsque le texte est déjà bien charpenté.

- L'intérêt : l'élève n'est pas entravé dans son désir de raconter par écrit. Par une vigilance à l'orthographe en temps différé, il comprend son importance pour que son texte soit donné à lire.
- La limite : il n'est pas forcément simple d'équilibrer les deux ambitions et de parvenir à réellement savoir quand passer d'une exigence à l'autre.

Option 3 : L'orthographe évacuée

L'orthographe est l'affaire du professeur

Constatant qu'il est très difficile de poursuivre plusieurs lièvres, et de s'intéresser en même temps à la forme et au fond, l'élève est tout d'abord invité à se lancer librement dans sa production, sans autre contrainte que la consigne du défi. Il n'est donc pas appelé à se préoccuper des outils de la langue. Lors des retours sur ses brouillons, sont majoritairement privilégiés le contenu narratif et les formes stylistiques. Le fait que le contenu soit déchiffrable est considéré comme suffisant. L'enseignant est celui qui corrige les fautes d'orthographe les plus grossières pour assurer un minimum de respect des normes.

- L'intérêt : l'élève ose spontanément entrer en production. Il ne se bride pas. Rien d'autre ne vient entraver son ambition de raconter son histoire. C'est ainsi qu'il va progresser comme producteur-auteur de texte.

39. Guide DGESCO-MEN, *Pour enseigner la lecture et l'écriture au CE1*, 2021.

- La limite : l'élève n'approche pas les nécessités orthographiques de la mise en mots et en phrases et n'est que trop occasionnellement mis en situation de transférer des compétences qu'il travaille par ailleurs en étude de la langue. Terriblement dommage.

Option 4 : L'orthographe différenciée

Tout dépend des compétences des élèves

Face à la diversité de compétences de nos élèves, le plus sage est sans doute d'adapter l'exigence à leurs capacités.

- Pour **les élèves avancés**, il est déjà possible et sans doute nécessaire de leur demander d'être attentifs dès le lancement du défi à la qualité de l'orthographe (option 1). Puis, à chaque brouillon (option 2), l'enseignant gagnera à leur donner une version qu'il aura codée à l'aide de la « grille d'autocorrection orthographique » (voir page 20) afin que l'élève opère lui-même les corrections sur son propre travail.
- Pour **les élèves les plus fragiles**, on optera plutôt pour l'option 3, l'ambition du professeur étant qu'ils réussissent au moins à produire un texte conforme à la consigne, même si les outils de la langue ne sont qu'en partie respectés. Au plus près de ces élèves, le professeur proposera des feedbacks comme autant de micro-leçons qui vont placer ces élèves devant les exigences de la langue, eux qui seraient souvent dans l'incapacité d'en faire usage en autonomie. Cependant, certains items de la « grille d'autocorrection orthographique » pourront être utilisés afin que ces élèves soient eux aussi, parfois, mis en situation autonome de s'autocorriger comme les élèves ordinaires et avancés.

La grille de corrections orthographiques

Afin d'aider à la correction orthographique, nous avons élaboré une « grille de corrections orthographiques » (page 20) qui, par un petit codage très simple et partagé avec les élèves, permet au professeur de les guider rapidement vers un travail d'autocorrection. « L'élaboration d'une première typologie d'erreurs, maîtrisée par les élèves est au service de l'amélioration des textes[40]. » « Les élèves utilisent cet outil (et le code associé aux types d'erreurs) pour repérer leurs erreurs, comprendre leur nature et savoir où aller chercher l'aide pour les corriger[41]. »

LA MISE EN ŒUVRE DANS LA CLASSE

Il s'agit maintenant de choisir un défi en fonction du thème et/ou des compétences que vous souhaitez travailler avec vos élèves.

15 MODULES TOUT EN PROGRESSION

Chaque module correspond à un défi d'écriture et propose un travail spécifique pour le réussir. Les 15 modules sont rangés dans l'idée de faire apparaître une progression. Ainsi, entre le premier et le dernier défi, les attentes sont différentes et s'enrichissent. Si une progression est proposée, les modules peuvent tous être déployés indifféremment en CE1 ou CE2, en ayant recours aux fiches 1 ou 2 étoiles. Pour autant, le choix du défi appartient au professeur en fonction du thème ou des spécificités d'un genre de texte qu'il souhaite travailler avec ses élèves. Néanmoins, choisir un défi parmi les premiers défis proposés en début d'année scolaire, et un défi parmi les derniers en fin d'année scolaire, est sans doute la manière la plus simple d'effectuer un choix de projet d'écriture.

PLANIFICATION

- Chaque module se travaille en **deux à trois semaines**. On peut estimer nécessaire de prévoir deux séances dédiées par semaine en moyenne.

Par ailleurs, selon l'importance qui sera donnée à l'idée de défi, il est possible d'accorder des temps informels de retour au texte, soit en plan de travail, soit durant des pauses, lorsque l'élève dispose d'un temps pour lui.

On accordera également plus ou moins de temps informels entre les séances de production :

- Pour des **échanges libres** entre les élèves, temps durant lequel ils lisent mutuellement leurs productions, conseillant à leur manière moins scolaire leurs camarades. Ce temps est utile tant à l'auteur qui voit comment son texte est reçu, qu'au lecteur qui découvre comment un camarade s'est approprié la consigne, manières dont il peut à son tour s'emparer. Il s'agit clairement d'un temps gagnant-gagnant et l'informalité de ces échanges renforce tout ce qui fait la fonction même de la production d'un écrit.
- Pour des **échanges formalisés** dans le cadre d'ateliers collaboratifs. Sous la tutelle du professeur ou

40. Guide DGESCO-MEN, *Pour enseigner la lecture et l'écriture au CE1*, 2021.
41. *Ibid.*

non, quelques élèves se regroupent autour du texte d'un de leurs camarades. Le professeur demande qu'ils aident l'auteur à enrichir son texte. Cette posture d'aide à la rédaction engage les lecteurs dans une posture de responsabilité métalinguistique exigeante et enrichissante pour toutes les parties. C'est dans ce cadre que l'on peut estimer que seront réalisés le plus de sauts qualitatifs et des passages entre l'idée de répondre à la consigne et celle de séduire au sens noble un lectorat.

Un outil d'approfondissement : les fiches de « questions de compréhension »

Afin d'accompagner les enseignants qui souhaiteraient approfondir la compréhension du texte source, nous proposons un questionnaire d'exploitation du texte : des fiches « Questions de compréhension ». Elles sont destinées à proposer une compréhension plus fine du texte source, en amont du module par exemple, dans l'optique de renforcer l'idée d'une relation entre lecture et écriture. Étant un outil supplémentaire dont il est possible de se passer, ces pages ne sont pas incluses dans le module. Elles pourront facilement être retrouvées sur le site numérique compagnon.

PROTOCOLE CONSEILLÉ (SÉQUENCE TYPE)

Le pilotage pédagogique d'un module gagne à suivre ce protocole.

Objectif de la séquence : Produire un écrit autonome répondant à des critères formels, en s'appuyant sur la fréquentation de textes exemplaires.

Actions du professeur :

- Le professeur dote les élèves des outils d'aide nécessaires à l'écriture.
- Le professeur accompagne les élèves dans l'acte d'écriture et leur enseigne la manière d'améliorer leur production.
- Le professeur est attentif à l'orthographe fournissant aux élèves les outils de relecture et de correction.
- Le professeur procède à des retours immédiats durant toutes les étapes de l'écriture.
- Le professeur vise le travail métalinguistique en favorisant les échanges entre élèves.
- Le professeur donne une fonction aux écrits produits en leur permettant de trouver leur lectorat.
- Le professeur se montre attentif à l'hétérogénéité de compétences de ses élèves en leur proposant des parcours différenciés et des outils adaptés.

- **Séance 1** : entrée dans le module et découverte des caractéristiques du genre du texte / 40 minutes

Étape 1	Classe entière	3 minutes	**Expliciter l'enjeu :** écrire un texte en respectant des contraintes données dans le cadre d'un défi d'écriture (cadre pointillé orange).
Étape 2	Classe entière	10 minutes	Affichage du texte et lecture par le professeur du texte ressource. Identification du genre littéraire, du thème, du cadre narratif et syntaxique, éventuellement de la figure littéraire. On opère par un bref travail de repérage et de compréhension à l'oral par un jeu de questions-réponses-validations. Préciser oralement tout ou partie des **« éléments de contexte à faire identifier »** inscrits dans la page « Informations pour l'enseignant ». Si besoin, expliciter ce qui demeure flou, sans que la séance se transforme en séance de compréhension de texte[42].
Étape 3	Travail individuel et/ou binômes et/ou ateliers	15 minutes	**Distribution de la fiche 1* ou la fiche 1**** en fonction des besoins des élèves. Les élèves analysent et caractérisent le genre et la structure du texte qui leur seront utiles pour écrire leur propre texte. **Atelier dirigé** : groupe de besoin, plutôt homogène d'environ 4 à 6 élèves ; le professeur apporte aux élèves son étayage. Parallèlement, les autres élèves sont **en binômes ou seuls**.

42. On peut cependant imaginer que ce texte source soit étudié lors d'une séance préalable en lecture-compréhension, ne relevant pas de production d'écriture.

Étape 4	Classe entière	10 minutes	Mettre en commun les activités réalisées afin de faire émerger les caractéristiques du genre et du cadre narratif et syntaxique. Les fiches 1* et 1** sont complémentaires et se répondent.
Étape 5	Classe entière	2 minutes	Synthétiser la compréhension du genre et du cadre narratif et syntaxique. Préciser que les élèves vont écrire un texte présentant les mêmes caractéristiques. Poser les contraintes et critères de réussite comme exposés dans la consigne (cadre orange pointillé).
Éventuelle gestion des rythmes et/ou prolongement			Si certains élèves avancent vite, ou que le professeur juge nécessaire un renforcement, il peut être proposé dans le prolongement, ou en temps différé de réaliser la fiche étoilée que les élèves n'ont pas eu à réaliser.

- **Séance 2 :** premiers essais d'écriture et réécriture / 35 minutes

Étape 1	Classe entière	3 minutes	**Expliciter l'enjeu :** écrire un texte en respectant des contraintes données dans le cadre d'un défi d'écriture en précisant « la consigne » dans la page « Informations pour l'enseignant ».
Étape 2	Travail individuel et/ou ateliers	Environ 20 minutes	**Distribution de la fiche 2* ou la fiche 2**** en fonction des besoins des élèves. Les élèves effectuent les activités leur permettant ensuite de produire leurs premiers essais d'écriture. **Atelier dirigé** possible : groupe de besoin, plutôt homogène d'environ 4 élèves ; le professeur apporte aux élèves son étayage. Parallèlement, les autres élèves sont **en autonomie**.
Étape 3	Classe entière	10 minutes	Regrouper les élèves. Lire à voix haute les productions des élèves[43]. Les élèves effectuent des retours sur les productions lues au regard de la consigne, de leurs émotions. Valoriser les réussites, ce partage s'avérant positif et modélisant pour tous. Lever quelques obstacles, apporter quelques précisions qui visent la réassurance des élèves.
Étape 4	Classe entière	2 minutes	Mettre en commun les ressentis d'expérience. Préciser que les élèves réécriront leurs textes pour l'enrichir lors des prochaines séances.
Éventuelle gestion des rythmes et/ou prolongement			Si certains élèves avancent vite ou que le professeur juge nécessaire un renforcement, il peut être proposé dans le prolongement ou en temps différé de réaliser la fiche étoilée que les élèves n'ont pas eu à réaliser.

- **Séance 3 :** Enrichir son texte / environ 40 minutes

Étape 1	Classe entière	3 minutes	**Expliciter l'enjeu :** réécrire un texte en l'enrichissant tout en respectant des contraintes données dans le cadre d'un défi d'écriture en précisant « la consigne » dans la page « Informations pour l'enseignant ».
Étape 2	Classe entière	7 minutes	Distribution des textes écrits lors de la séance précédente afin que les élèves puissent les relire et s'autocorriger au besoin, notamment si le professeur doit reprendre des points syntaxiques[44].

43. « À l'écoute de son texte, l'élève indique s'il y a des omissions, des incohérences et des répétitions ». Guide DGESCO-MEN, *Pour enseigner la lecture et l'écriture au CE1, 2021.*
44. Voir à ce propos (p. 12) la manière dont nous préconisons l'usage des brouillons successifs.

Étape 3	Travail individuel et/ou ateliers	Environ 20 minutes	**Distribution de la fiche 3* ou la fiche 3**** en fonction des besoins des élèves. Les élèves effectuent les activités leur permettant ensuite d'écrire un texte reprenant les éléments des premiers essais d'écriture ou non, en les enrichissant. **Atelier dirigé** possible : groupe de besoin, plutôt homogène d'environ 4 élèves ; le professeur apporte aux élèves son étayage. Parallèlement, les autres élèves sont **en autonomie**.
Étape 4	Classe entière ou ateliers	10 minutes	Ateliers possibles de révision collaborative : composés d'environ 4 élèves, groupe hétérogène. **Lire les productions des élèves.** Les élèves questionnent, effectuent des retours sur les productions lues au regard de la consigne, de leurs émotions.
Étape 5	Classe entière	2 minutes	Mettre en commun les ressentis d'expérience. Valoriser les réussites. Lever quelques obstacles, apporter quelques précisions qui visent la réassurance des élèves. Préciser que les élèves réécriront leurs textes pour l'enrichir lors des prochaines séances.
Éventuelle gestion des rythmes et/ou prolongement			Si certains élèves avancent vite ou que le professeur juge nécessaire un renforcement, il peut être proposé dans le prolongement ou en temps différé de réaliser la fiche étoilée que les élèves n'ont pas eu à réaliser.

- **Séance 4 :** Enrichir son texte / environ 45 minutes

Étape 1	Classe entière	3 minutes	**Expliciter l'enjeu :** réécrire un texte en l'enrichissant tout en respectant des contraintes données dans le cadre d'un défi d'écriture en précisant « la consigne » dans la page « Informations pour l'enseignant ».
Étape 2	Travail individuel	7 minutes	Distribution des textes écrits lors de la séance précédente afin que les élèves puissent les relire.
Étape 3	Travail individuel et/ou ateliers	Environ 20 minutes	**Distribution de la fiche 4* ou la fiche 4**** en fonction des besoins des élèves. La grille évaluative peut être personnalisée. Les élèves effectuent les activités et écrivent une nouvelle version en l'enrichissant, avant d'utiliser la grille évaluative. Le professeur inscrit en accord avec l'élève une demande qui lui est spécifique, selon son besoin, permettant un saut qualitatif de sa production. **Atelier dirigé** possible : groupe de besoin, plutôt homogène d'environ 4 élèves ; le professeur apporte aux élèves son étayage. Parallèlement, les autres élèves sont **en autonomie**.
Étape 4	Classe entière	15 minutes	**Lire les productions des élèves**. Les élèves effectuent des retours sur les productions lues au regard de la consigne, de leurs émotions. Valoriser les réussites. Lever quelques obstacles, apporter quelques précisions qui visent la réassurance des élèves. Lors de cette phase terminale, prendre en compte les commentaires des camarades sur les productions de leurs pairs, le lectorat étant essentiel à l'auteur.
Étape 5	Classe entière	2 minutes	Préciser que les élèves éditeront leurs textes en vue d'être lus.

UN OUTIL COMPLÉMENTAIRE : « DES IMAGES POUR DES IDÉES »

Qu'est-ce que c'est ?

Pour chaque module, l'élève dispose de deux textes d'auteurs qui vont lui permettre d'entrer dans sa production personnelle en bénéficiant d'un cadre et d'outils modélisants.

Au fil de sa production, il va également recevoir au moins deux productions réalisées par des élèves qui avaient été confrontés au même défi et à la même consigne.

Nous proposons également un nouvel outil d'enrichissement : les pages « Des images pour des idées ». Elles ne sont pas incluses dans les pages Défis, car il est possible de s'en passer. On pourra en revanche les télécharger depuis le site « Mes ressources pédagogiques » (voir page 2 de couverture)

Cette page est composée d'une série de couvertures de romans, ou de documentaires, destinés au jeune public, ce qui va renforcer l'idée d'une **relation étroite entre lecture et écriture**.

Certains Défis ne disposent pas de cet outil : le Défi 1 « Les surnoms », le Défi 6 « La description », ainsi que le Défi 10 « Théâtre et liaisons », pour lesquels aucune image ne pouvait réellement aider les élèves.

Quand les utiliser ?

Ces pages peuvent être projetées ou distribuées aux élèves à **différents moments de la mise en mots**.

- Soit **en amont, afin de définir plus précisément le thème du Défi**, tout en débordant au-delà de ce qu'offrent les deux textes de cadrages des fiches « 1 étoile ».
- Soit **au moment où les élèves se lancent**, lorsqu'ils en sont encore à la phase du choix des personnages, d'un lieu, de circonstances, de l'établissement du cadre. Dans ce cas, les images de ces couvertures, mais aussi les titres, évoquent de nombreux possibles féconds, fructueux, voire atypiques.
- Soit **en cours de production ou en phase d'enrichissement**, lorsque les élèves sont en **recherche d'idées nouvelles**, de pistes narratives qui relancent, auxquelles ils ne pensaient pas spontanément.

Exemple de page « Des images pour des idées »

Comment les utiliser ?

Plusieurs possibilités d'usage sont possibles.

- **Un libre usage** : les élèves les utilisent comme ils le souhaitent, picorant les idées comme bon leur semble.
- **Un pilotage discret** par le professeur : lors d'un temps collectif, la page est observée et commentée. Le professeur suscite les réactions des élèves, accueille les idées qui émergent, aide à les affiner. Puis, les élèves se lancent avec ce foisonnement d'idées et chacun les utilise ou non.
- **Un pilotage serré :** le professeur a anticipé et décide de lire aux élèves certaines de ces œuvres. Pour l'aider, nous avons placé **des étoiles** près des ouvrages qui méritent ce détour. Ces derniers sont particulièrement riches, d'une part parce que leur contenu vient embrasser le thème de la figure littéraire liée au projet d'écriture, bien que la couverture ou le titre puissent être peu évocateurs, et d'autre part il peut s'agir d'œuvres patrimoniales qui méritent d'être partagées.
- Dans tous les cas, le professeur bénéficie d'une page qui lui est destinée afin de préparer rapidement et simplement le pilotage pour lequel il a opté.

LES PROLONGEMENTS

L'édition des textes

Une fois la production achevée, il est intéressant et utile d'éditer les textes des élèves. Après les avoir relus et corrigés, il peut être proposé aux élèves de les recopier puis de les illustrer, ou encore d'utiliser un traitement de texte via un outil numérique, ou encore de laisser le soin au professeur de le faire. Cette étape d'édition est essentielle dans l'optique de valoriser les textes, mais aussi de faire prendre conscience aux élèves qu'ils vont être lus.

La mise en page de l'ouvrage que vous avez en main n'a pas été réalisée par nous, auteurs, mais tout naturellement pas notre éditeur. Ceci pour dire que cette étape de mise en page, voire de saisie numérique, n'est pas le cœur d'une production écrite. Avec les élèves, on ne considérera donc pas comme majeur le fait ou non de leur avoir demandé de taper eux-mêmes leur texte ; ce travail laborieux peut être assuré sans état d'âme par le professeur. Pour autant, certains pourront tout aussi légitimement considérer que cette étape terminale consistant à saisir soi-même son texte est, en elle-même, très éducative.

La sélection des textes

L'idée de défi est une occasion de produire des écrits qu'on a plaisir à transmettre, puisqu'on sait qu'ils seront lus, notamment par des pairs. Dans cette optique, trois cas peuvent être distingués :

- Le défi a lieu au sein d'une même classe : chaque élève est alors invité à choisir ses deux ou trois textes préférés, à l'exception du sien. Cela permet alors au professeur d'obtenir une sélection de textes. Il est également possible de demander aux élèves de voter pour savoir quel texte correspond à un prix en particulier.
- Le défi a lieu entre deux ou plusieurs classes : les élèves de chaque classe sont invités à choisir leurs deux ou trois textes préférés parmi les textes de leur propre classe. Cela permet alors aux professeurs des différentes classes de disposer d'un nombre important de textes différents qu'ils donnent à découvrir à leurs élèves. Un jury interclasse peut alors être mis en œuvre. Un nombre de trois à quatre textes sélectionnés permet d'envisager de les faire lire aisément par les élèves d'une autre classe.
- Le défi est mis en œuvre par une circonscription ou un réseau d'écoles. Dans ce cas, chaque classe ne propose que deux textes soumis à un jury composé d'enseignants éventuellement piloté par un coordonnateur REP ou un CPC.

Les prix

À la suite de la sélection, le professeur ou les élèves eux-mêmes attribuent des prix aux textes sélectionnés. Plusieurs prix peuvent être attribués. La liste n'est pas exhaustive :

- le grand prix ;
- le prix de l'originalité ;
- le prix de l'humour ;
- le prix de la meilleure chute ;
- le prix de l'émotion ;
- Le prix de la plus grande surprise ;
- …

À cette occasion, on peut procéder à une lecture des textes ou bien à l'édition d'une **brochure du défi**, par exemple.

GRILLE D'AUTOCORRECTION ORTHOGRAPHIQUE

Un codage partagé entre le professeur et ses élèves peut être mis en place.

Les élèves doivent en avoir une copie et se l'approprier au fur et à mesure.

Le professeur peut à tout moment « coder » la production d'un élève afin de l'orienter vers sa propre autocorrection.

Codes de correction

Ce code…	… signifie	Tu peux…
den la classe ♡	mot connu, mot outil	trouver le mot dans un manuel, une liste ou un affichage de la classe
romane ○	ponctuation ou majuscule	ajouter une majuscule ou . ! ? , ; : «
chentille	changer le son	proposer autre chose
un peti○ cha○	mot dont la lettre muette est connue	trouver un autre mot de la même famille, ou le mot dans un manuel, une liste ou un affichage
jaime	séparer les mots	laisser un espace et peut-être tracer une apostrophe
je suis pas ✕	problème de langue	prononcer pour voir ce qui ne va pas. Sinon, trouver dans un manuel, une liste ou un affichage dans la classe
sur bureau	il manque un mot	ajouter le mot
je chante… je chantais	avoir le même temps	trouver dans un manuel, un cahier ou un affichage dans la classe
Lisa… je	avoir le même personnage	trouver dans un manuel, un cahier ou un affichage dans la classe
deux pièce	accorder	trouver dans un manuel, un cahier ou un affichage dans la classe
une nidée	liaison à problème	retrouver le vrai mot
glémache	mot illisible	réécrire ou changer le mot
célé té bien	passage difficile à lire ou à comprendre	réécrire le passage et venir voir le maître ou la maîtresse
f tia ? pa ri lis on rat	passage incompréhensible	refaire ou venir voir le maître ou la maîtresse

Codes de correction

Ce code…	… signifie	Tu peux…
den la classe ♡	mot connu, mot outil	trouver le mot dans un manuel, une liste ou un affichage dans la classe
romane ○	ponctuation ou majuscule	ajouter une majuscule . ! ? , ; : «
chentille	changer le son	proposer autre chose
Ces beau ≠	problème de nature de mot	trouver la nature du mot, ou le mot dans un manuel, une liste ou un affichage dans la classe
un peti○ cha○	mot dont la lettre muette est connue	trouver un autre mot de la même famille, ou le mot dans un manuel, une liste ou un affichage
jaime	séparer les mots	laisser un espace et peut-être une apostrophe
je suis pas ✕	problème de langue	prononcer pour voir ce qui ne va pas. Sinon, trouver dans un manuel, une liste ou un affichage dans la classe
sur bureau	il manque un mot	ajouter le mot
je chante… je chantais	avoir le même temps	trouver dans un manuel, un cahier ou un affichage dans la classe
Les bateaux navigue c	conjuguer le verbe avec le sujet	trouver dans un manuel, une liste ou un affichage dans la classe
Lisa… je	avoir le même personnage	trouver dans un manuel, un cahier ou un affichage dans la classe
deux joli pièce	accorder	trouver dans un manuel, un cahier ou un affichage dans la classe
une nidée	liaison à problème	retrouver le vrai mot
glémache	mot illisible	réécrire ou changer le mot
célé té bien	passage difficile à lire	réécrire le passage et venir voir le maître ou la maîtresse
f tia ? pa ri lis on rat	passage incompréhensible	refaire ou venir voir le maître ou la maîtresse

PRÉSENTATION DES RESSOURCES NUMÉRIQUES

Retrouvez les ressources en ligne sur mes-ressources-pedagogiques.editions-retz.com (voir page 2 de couverture).

NAVIGUER

Cliquer sur l'onglet souhaité pour accéder aux fichiers PDF associés.

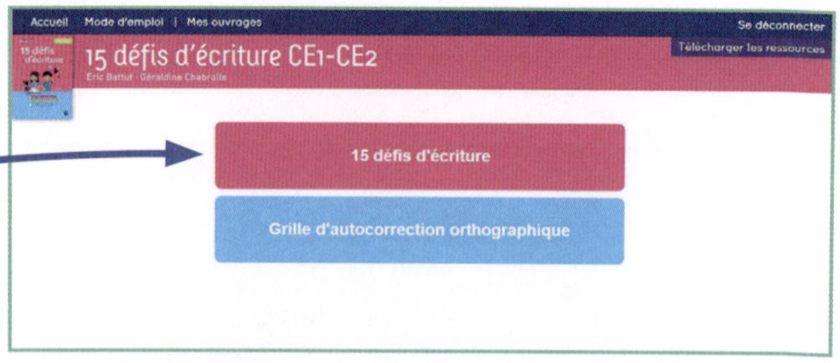

Cliquer sur le bandeau supérieur pour retourner à l'écran d'accueil.

Le nom du domaine sélectionné s'affiche en bleu.

L'ensemble des ressources associé au domaine s'affiche dans la partie droite de l'écran.

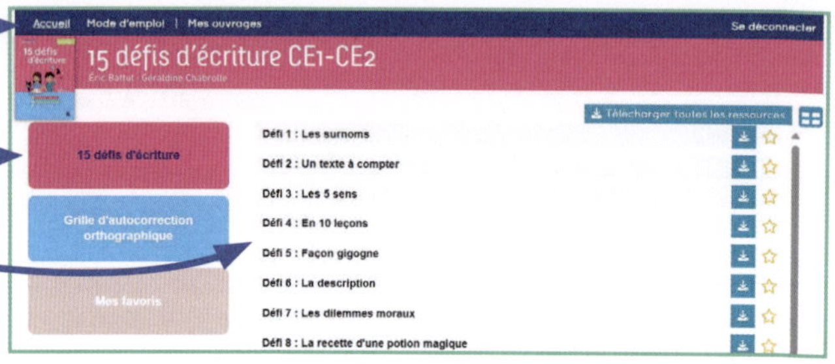

AFFICHER LES FICHIERS PDF

Exemples : Les textes ressources ou les fiches activités proposés par séquence.

Cliquer sur le nom du document que l'on souhaite visionner, imprimer ou vidéoprojeter…

… le document s'affichera ensuite dans une nouvelle fenêtre et le logiciel automatiquement utilisé pour cet affichage (Adobe Reader, Aperçu, Lecteur…) permet d'agir sur le document : zoom, rotation, impression…

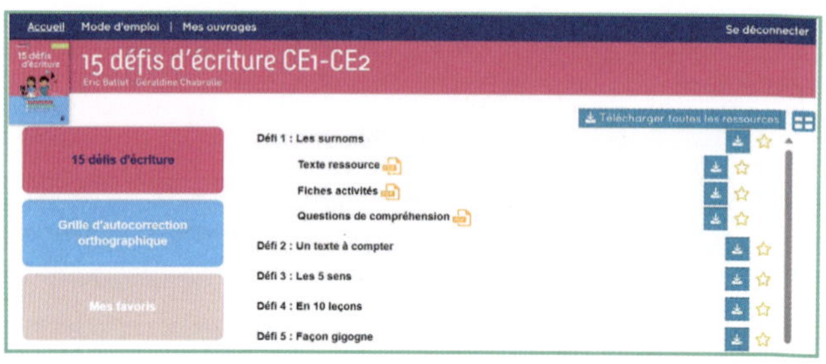

Les textes ressources

Les fiches activités

Les 15 défis d'écriture

textes sources et fiches activités

Défi « Les surnoms »

UNE HISTOIRE À LIRE À DEUX

Les surnoms de Mila

Papa m'appelle mon petit ange.
Pourtant, je n'ai pas d'aile
dans le dos.
Maman m'appelle mon bijou.
Mais je ne suis ni à son doigt,
ni à son bras, ni à son cou !
Papi dit toujours : « Viens
me voir petit trésor ».
Mais je ne vis pas sur une
île déserte !
Et Mamie ?
Elle adore m'appeler
« mon petit cœur d'amour ».
J'aime bien, mais je ne comprends
pas ce que ça veut dire…
Heureusement, Noé
m'appelle Mila !

Thème : Les surnoms et leurs justifications.

Support : « Les surnoms de Mila », Éric Battut, in *Mila et Noé, mon année de GS*, Nathan, 2023.

Genre : Récit littéraire.

Résumé : Mila se demande pourquoi on lui attribue des surnoms qui ne se justifient pas.

Éléments de compréhension à faire identifier :

- Faire identifier que le narrateur est Mila, ce qui n'est révélé qu'à la fin du texte.
- Faire remarquer les différentes personnes évoquées par Mila, chacune lui attribuant un surnom.
- Souligner l'humour du texte en associant chaque surnom avec le questionnement de Mila, qui ne comprend pas pourquoi on lui donne des surnoms qui ne la caractérisent pas.
- Souligner la chute, qui révèle l'identité de Mila et son soulagement.

Textes ressources du module :

– « Les surnoms de Mila », Éric Battut

– « Moi, Max, j'adore les surnoms ! », Éric Battut

En complément (ressources à télécharger) :

– Une fiche « compréhension » du texte ressource du défi.

Les incontournables du défi :

– Présence de surnoms

– Explication du ressenti à l'évocation de chaque surnom

– Cohérence entre les surnoms évoqués et le ressenti

Enrichissements d'écriture travaillés :

– Le vocabulaire des émotions

– Les adjectifs

– Les connecteurs

– Les comparaisons

– La ponctuation expressive

Formulation du défi pour l'élève :

DÉFI « Les surnoms »

Consigne :

À l'aide du texte source « Les surnoms de Mila », écris un texte où un personnage évoque un surnom et réagit à son usage.

Contraintes et attendus :

– Le personnage narre au moins 2 surnoms (CE1) ou 4 surnoms (CE2).

– Seront valorisés les textes :

- qui présenteront une explication de ce que ressent le personnage,
- qui susciteront l'émotion.

Texte ressource

Les surnoms de Mila

Papa m'appelle mon petit ange.
Pourtant, je n'ai pas d'ailes dans le dos.

Maman m'appelle mon bijou.
Mais je ne suis ni à son doigt, ni à son bras, ni à son cou.

Papi dit toujours : « Viens me voir mon petit trésor. »
Mais je ne vis pas sur une île déserte !

Et Mamie ?
Elle adore m'appeler « mon petit cœur d'amour ».
J'aime bien, mais je ne comprends pas ce que ça veut dire…

Heureusement, mon frère Noé m'appelle Mila !

« Les surnoms de Mila », Éric Battut, in *Mila et Noé, Mon année de GS*, © Nathan, 2023.

Nom : .... Date : ....

1★ Caractériser le genre et la structure

La structure du texte

Analyse le texte en coloriant :
- en **rouge**, les personnages qui donnent un surnom à Mila.
- en **bleu**, les surnoms donnés.
- en **vert**, la réaction de Mila qui ne comprend pas ses surnoms.

Les surnoms de Mila

Papa m'appelle mon petit ange.
Pourtant, je n'ai pas d'ailes dans le dos.

Maman m'appelle mon bijou.
Mais je ne suis ni à son doigt, ni à son bras, ni à son cou.

Papi dit toujours : « Viens me voir mon petit trésor. »
Mais je ne vis pas sur une île déserte !

Et Mamie ?
Elle adore m'appeler « mon petit cœur d'amour ».
J'aime bien, mais je ne comprends pas ce que ça veut dire…

Heureusement, mon frère Noé m'appelle Mila !

« Les surnoms de Mila », Éric Battut, in *Mila et Noé, Mon année de GS*, © Nathan, 2023.

DE TEMPS ?

Écris une liste de surnoms que tu connais.
Entoure ceux que tu aimes.

Nom : .... Date : ....

1 Caractériser le genre et la structure

La structure du texte

Analyse le texte en coloriant :
- en **rouge**, les mots qui désignent le personnage qui donnent des surnoms,
- en **orange**, les personnages qui reçoivent des surnoms,
- en **bleu**, les surnoms donnés,
- en **vert**, les raisons pour lesquels Max donne ces surnoms.

Moi, Max, j'adore les surnoms !

J'appelle mon chat « le tigre »
car c'est un vrai félin !

J'appelle mon chien « gros loup »
car il a des crocs énormes !

Anna ma sœur, je l'appelle « Annaconda »
parce que ça nous fait rire.

Et ma maman ?
Je l'appelle « maman ».
Pourtant, c'est une fée...

Éric Battut, droits réservés

Réalise le même travail sur le texte de référence « Les surnoms de Mila ».
À ton tour, écris une liste de surnoms que tu connais. Entoure ceux que tu aimes.

Nom : .... Date : ....

2★ Premiers essais d'écriture

1 Les structures pour mon texte

Récris ces 4 phrases en remplaçant les mots en gras par des mots de ton choix.

Et **Mamie** ?

....

Elle adore m'appeler « **mon petit cœur d'amour** ».

....

J'aime bien, mais je **ne comprends pas ce que ça veut dire…**

....

Heureusement, **mon frère Noé** m'appelle **Mila** !

....

2 Des personnages et des surnoms

Complète le texte avec les mots proposés, ou avec des mots de ton choix.

Des personnages :

Papa – Maman – Mamie – Papi – moi – ma sœur – mon frère

ma maitresse – mon chat – mon chien – ma copine – mon voisin

Des surnoms :

mon prince – mon roi – mon ange
mon bijou – mon trésor
mon cœur – mon tigre – mon loup
mon chat – mon lapin – mon zèbre
mon diamant – mon chou – mon diablotin

ma beauté – ma perle – ma princesse
ma reine – ma belette – ma marmotte
ma lionne – ma tigresse – ma grenouille
ma biche – ma crevette – ma coccinelle
ma déesse – ma sauterelle – ma merveille

.... m'appelle Doudou. Mais je ne suis pas une peluche.

.... m'appelle ....,

car je ....

Léa m'appelle ....

parce que ....

Choisis ou invente des personnages et des surnoms pour ton texte.

3 Le premier jet

Commence à écrire ton propre texte au dos de cette feuille ou sur un cahier.

4 Point d'étape

Tu as trouvé au moins deux surnoms pour ton texte. ☐ OUI ☐ NON

2 Premiers essais d'écriture

1 Des structures et des émotions

Lis toutes les phrases possibles. Puis colorie tes structures préférées. Tu les utiliseras dans ton texte.

- Ma cousine { me surnomme / m'appelle } « le pirate » { pourtant / mais / même si } je ne navigue pas sur les mers.
- Ma tante { adore / aime } m'appeler « mon chou » { même si / pourtant / alors que } je déteste la crème.
- On { m'appelle / me surnomme } « le renard » { parce que / car / puisque } je suis très rusé !
- Je { n'aime pas / déteste / hais } qu'on m'appelle « mon paresseux » { alors que / parce que / car } je me lève tous les jours…

2 La production d'un élève

Surligne des mots et des expressions qui te semblent utiles pour ton propre texte.

Je déteste mes surnoms *(texte composé par Cosma)*

Ma maman m'appelle « mon chéri »
mais je ne suis pas son amoureux !
Mon papa m'appelle « mon oiseau »
mais je ne sais pas siffler de jolies mélodies !
Ma mamie m'appelle « ma puce »,
mais je ne saute pas !
Mes cousins m'appellent « banane »
mais je ne suis pas flambé !
J'aimerais mieux qu'on m'appelle « mon beau voilier »
car je suis un grand voyageur
même si je n'ai pas de voile.

3 Le premier jet

Commence à écrire ton propre texte au dos de cette feuille ou sur un cahier.

4 Point d'étape

Tu as trouvé au moins 2 surnoms pour ton texte. ☐ OUI ☐ NON

Nom : .... Date : ....

3★ Les outils pour mieux écrire ton texte

1 Les assemblages

Relie chaque surnom à sa justification.

On m'appelle « **mon serpent** » •	• parce que je suis **rapide comme l'éclair** !
Il m'appelle « **mon guépard** » •	• car je suis comme **un doudou tout doux.**
Elle m'appelle « **mon bébé** » •	• mais je suis **une grande fille maintenant** !
On m'appelle « **ma fraise** » •	• même si je ne suis pas **en plastique.**
Ils m'appellent « **ma douce** » •	• alors que **je n'ondule pas** !
Elles m'appellent « **ma poupée** » •	• puisque **je suis belle à croquer** !

2 Les mots qui enrichissent

Lis ces phrases où des petits mots ont été ajoutés.
Ajoutes-en dans la phrase proposée en t'aidant de la liste ou en les inventant.

Ma tante m'appelle « mon sucre d'orge ».
Ma tante m'appelle « mon **petit** sucre d'orge ».
Ma tante m'appelle « mon **délicieux** sucre d'orge ».
Ma tante m'appelle « mon **tendre** sucre d'orge ».

Mon papi m'appelle « mon prince ».
Mon papi m'appelle « mon **grand** prince ».
Mon papi m'appelle « mon **grand et beau** prince ».
Mon papi m'appelle « mon **très grand et beau** prince ».

Vocabulaire :

petit / petite	merveilleux / merveilleuse	magnifique
grand / grande	radieux / radieuse	superbe
beau / belle	malicieux / malicieuse	brillant / brillante
	majestueux / majestueuse	ravissant / ravissante

Mon frère m'appelle « mon étoile ».

Mon frère m'appelle « ma .... étoile ».

Choisis des adjectifs pour enrichir ton texte.

3 La production de ton texte

Écris ton texte au dos de cette feuille ou sur un cahier pour répondre aux critères du défi et en utilisant certains de ces outils.

4 Point d'étape

Tu as ajouté au moins un adjectif à ton texte. ☐ OUI ☐ NON

Nom : .... Date : ....

3 Les outils pour mieux écrire ton texte

1 Des comparaisons

Lis ces comparaisons puis complète les deux phrases.

On m'appelle « mon petit », car je suis haut **comme trois pommes**.

On m'appelle « mon renard », pourtant je ne suis pas rusé **comme un renard**.

On m'appelle « mon guépard », même si je ne suis pas rapide **comme l'éclair**.

On m'appelle « mon petit rat », alors que je ne danse pas **comme un petit rat d'opéra !**

On m'appelle « Apollon » parce que je suis beau comme ....

On m'appelle « ma puce » même si je ne saute pas comme ....

Choisis ou invente une comparaison pour enrichir ton texte.

2 Utiliser la ponctuation

Lis ces deux versions du texte en observant les émotions suscitées par la ponctuation.
Choisis la ponctuation de ton texte.

J'aime beaucoup mes petits surnoms *(texte composé par Haroun)*

La sérénité	*La joie*
J'aime quand maman m'appelle « mon trésor », car je suis plus rare qu'un lingot d'or. Mon papa m'appelle « mon poussin », car il aime les œufs brouillés. Mon petit frère m'appelle « son héros », parce que je le sauve des enfants méchants.	J'aime quand maman m'appelle « mon trésor », car je suis plus rare qu'un lingot d'or ! Mon papa m'appelle « mon poussin », car il aime les œufs brouillés ! Mon petit frère m'appelle « son héros », parce que je le sauve des enfants méchants !
Le questionnement	*Le questionnement*
Et ma tata ?	Et ma tata ?
La sérénité	*La déception*
Elle m'appelle Haroun. Pourtant j'aimerais qu'elle m'appelle « mon chou »,	Elle m'appelle Haroun. Pourtant j'aimerais qu'elle m'appelle « mon chou »...
La joie	*La malice*
car j'aime beaucoup les choux à la crème !	car j'aime beaucoup les choux à la crème...

3 La production de ton texte

Écris ton texte au dos de cette feuille ou sur un cahier pour répondre aux critères du défi et en utilisant certains de ces outils.

4 Point d'étape

Tu as introduit au moins une comparaison dans ton texte. ☐ OUI ☐ NON

Nom : .... Date : ....

4★ Relire et enrichir ton texte

La grille de réussite

En relisant le texte que tu as produit, complète la grille de réussite.
Si nécessaire, enrichis ton texte.

CE QUI ÉTAIT ATTENDU :

Les surnoms	Tu as utilisé **plusieurs surnoms.**	☐ OUI ☐ NON
	Écris ici les surnoms que tu as utilisés :	
Les petits mots qui expliquent	Tu as utilisé **différents petits mots qui relient : car, parce que, puisque, mais…**	☐ OUI ☐ NON
	Écris ici les petits mots que tu as utilisés :	
Les adjectifs qui enrichissent	Tu as utilisé **des adjectifs qui enrichissent.**	☐ OUI ☐ NON
	Écris ici les adjectifs que tu as utilisés :	
La demande de la maitresse ou du maitre	....	
À la fin	Tu as relu pour corriger l'orthographe.	☐ OUI ☐ NON
	Tu as fait attention au soin et à ton écriture.	☐ OUI ☐ NON
Lecture	Tu as fait lire ta production à un camarade.	☐ OUI ☐ NON
	Tu as lu la production d'un camarade.	☐ OUI ☐ NON

Nom : .... Date : ....

4 Relire et enrichir ton texte

1 Une chute originale

Lis ces différentes chutes possibles d'un même texte.

Le soulagement	Heureusement, je l'appelle « maman », c'est plus facile !
Le contraire	Je l'appelle « maman ». Pourtant c'est une fée !
La préférence	J'aimerais mieux l'appeler « ma bonne fée » même si elle n'a pas de baguette car elle prend toujours soin de moi !
L'humour	Je l'appelle « mamounette » car elle est toute petite !
La timidité	En secret je l'appelle « ma reine », mais je ne lui dis pas, car je suis très timide.
La malice	J'aimerais bien l'appeler « ma maman à moi tout seul », mais, pas de chance, il faut que je la partage avec ma sœur...

À ton tour, utilise des mots d'une chute proposée ou de ton choix pour conclure ton texte.

2 La grille de réussite

En relisant le texte que tu as produit, coche les cases de la grille critériée.
Si nécessaire, améliore ton texte.

CE QUI ÉTAIT ATTENDU :

Les surnoms	Tu as utilisé **plusieurs surnoms.**	☐ OUI ☐ NON
Les petits mots qui expliquent	Tu as utilisé **différents petits mots qui relient : car, parce que, puisque, mais...**	☐ OUI ☐ NON
La ponctuation	Tu as enrichi et diversifié **la ponctuation** de ton texte.	☐ OUI ☐ NON
La chute	Tu as trouvé **une chute** assez originale.	☐ OUI ☐ NON
	Quelle **émotion** a-t-elle produite ?	
La demande de la maitresse ou du maitre	....	
À la fin	Tu as relu pour corriger l'orthographe.	☐ OUI ☐ NON
	Tu as fait attention au soin et à ton écriture.	☐ OUI ☐ NON
Lecture	Tu as fait lire ta production à un camarade.	☐ OUI ☐ NON
	Tu as lu la production d'un camarade.	☐ OUI ☐ NON
	Quand tu te relis, quel passage de ta production préfères-tu ?	

Défi « Un texte à compter »

Thème : Des nombres et des éléments à dénombrer.

Support : *T'as une tache, Pistache !*, Jeanne Boyer, L'École des loisirs, 2022.

Genre : Album.

Résumé : Pistache est un chien qui possède une belle tache sur l'œil. Il rencontre un lapin avec deux taches, puis une biquette. Combien a-t-elle de taches sur son pelage ? Et cette petite souris ?

Éléments de compréhension à faire identifier :

- Faire identifier que le personnage Pistache a une tache au niveau de l'œil, car il est comparé à un pirate qu'on peut imaginer avec un cache-œil.
- Énumérer les personnages rencontrés : un lapin, une biquette, une souris, un escargot, un ouistiti.
- Faire remarquer la suite numérique du nombre de taches de chaque animal.
- Expliquer qu'il s'agit d'un dialogue en montrant la possibilité d'isoler des répliques, malgré l'absence de ponctuation spécifique au dialogue.
- Souligner que le ouistiti n'a pas un pelage tacheté mais les couleurs des bonbons lui font des millions de taches.

Textes ressources du module :

– « Combien de taches ? », Jeanne Boyer.

– « La grande famille de Mila », texte extrait de *La grande famille de Mila*, Éric Battut.

En complément (ressources à télécharger) :

– Une fiche « compréhension » du texte ressource du défi.

Les incontournables du défi :

– Présence d'un élément à compter

– Progression du comptage : croissante, décroissante

– Cohérence dans la progression de l'énumération

– Une chute qui permet de conclure de manière originale

– Des émotions

Enrichissements d'écriture travaillés :

– La diversité des adjectifs et des verbes

– Les rimes

– La ponctuation du dialogue

Formulation du défi pour l'élève :

DÉFI « Un texte à compter »

Consigne :

À l'aide du texte source *Combien de taches ?*, écris un texte présentant un dialogue entre au moins deux personnages, qui implique au moins un élément à compter permettant d'utiliser les nombres.

Contraintes et attendus :

– Produire au moins 6 lignes (CE1) ou 10 lignes (CE2).

– Seront valorisés les textes :

- qui présenteront un élément à compter,
- qui se termineront sur une chute inattendue.

Texte ressource

Combien de taches ?

Lui, c'est Pistache.
T'as vu sa tache ?
On dirait un pirate !

Et toi, lapin coquin,
T'en as combien ?
Moi ? J'en ai 2 !
Mais qu'une seule carotte.

Et toi, jolie biquette ?
Bêêê 3 !
Trois énormes taches !

Et toi, mini souris ?
Moi, j'en ai 4,
comme des chaussettes.

Et toi, gros escargot ?
Si je compte bien, je crois que c'est 5. [...]

Et toi, le ouistiti ?
T'es tout gris ?!
Oui !
Et j'ai plein de bonbons de toutes les couleurs...
... qui font des millions de taches !

T'as une tache, Pistache !, Jeanne Boyer, © L'École des loisirs, 2022.

Nom : .... Date : ....

1★ Caractériser le genre et la structure

La structure du genre

Aide-toi de ce texte à compter pour compléter ce tableau.

Nombre de personnes	1 personne	2 personnes	3 personnes	... personnes	... personnes	... personnes	... personnes	... personnes	... personnes
Les personnes	Papa	+ Mila	+ Maman	+	+	+	+	+	+ ....

La grande famille de Mila

– Dis maman, nous sommes combien dans cette maison ? demande Mila.

– Nous sommes **3**, répond Maman. Papa **1**, toi **2** et moi **3**.

– Mais tu oublies Cachou le chat, remarque Mila.

– Tu as raison, alors nous sommes **4**. Papa, toi, Cachou et moi.

– Même si elle ne fait pas de bruit, il ne faut pas oublier Lili la tortue !

– En effet, alors nous sommes **5**. Papa, toi, Cachou, Lili et moi.

– Et Bubulle le poisson, tu ne le comptes pas ?

– Si, tu as raison, donc nous sommes **6**. Papa, toi, Cachou, Lili, Bubulle et moi.

– Et mon doudou Lapino alors, il compte pour du beurre ?

– Pas du tout, alors nous sommes **7**. Papa, toi, Cachou, Lili, Bubulle, Lapino et moi.

– Oh ! Regarde cette mouche qui a choisi notre maison. Il faut la compter !

– Bon d'accord, nous voici **8** maintenant. Papa, toi, Cachou, Lili, Bubulle, Lapino, la mouche et moi.

– J'aimerais bien qu'on adopte aussi cette petite araignée qui a tissé sa jolie toile.

– D'accord, avec elle nous serons **9**. Papa, toi, Cachou, Lili, Bubulle, Lapino, la mouche, l'araignée et moi.

– Voilà ! Ça me fait vraiment plaisir de vivre dans une grande famille.

La grande famille de Mila, Éric Battut, DR.

Plus de temps ? Réalise le tableau qui correspond au texte de référence « Combien de taches ? ».

Nom : .... Date : ....

1 Caractériser le genre et la structure

La structure du genre

Analyse les étapes de ce texte à compter en coloriant :

- en **rouge**, les membres de la famille,
- en **bleu**, les nombres,
- en **vert**, la chute du texte.

La grande famille de Mila

– Dis maman, nous sommes combien dans cette maison ? demande Mila.

– Nous sommes **3**, répond Maman. Papa **1**, toi **2** et moi **3**.

– Mais tu oublies Cachou le chat, remarque Mila.

– Tu as raison, alors nous sommes **4**. Papa, toi, Cachou et moi.

– Même si elle ne fait pas de bruit, il ne faut pas oublier Lili la tortue !

– En effet, alors nous sommes **5**. Papa, toi, Cachou, Lili et moi.

– Et Bubulle le poisson, tu ne le comptes pas ?

– Si, tu as raison, donc nous sommes **6**. Papa, toi, Cachou, Lili, Bubulle et moi.

– Et mon doudou Lapino alors, il compte pour du beurre ?

– Pas du tout, alors nous sommes **7**. Papa, toi, Cachou, Lili, Bubulle, Lapino et moi.

– Oh ! Regarde cette mouche qui a choisi notre maison. Il faut la compter !

– Bon d'accord, nous voici **8** maintenant. Papa, toi, Cachou, Lili, Bubulle, Lapino, la mouche et moi.

– J'aimerais bien qu'on adopte aussi cette petite araignée qui a tissé sa jolie toile.

– D'accord, avec elle nous serons **9**. Papa, toi, Cachou, Lili, Bubulle, Lapino, la mouche, l'araignée et moi.

– Voilà ! Ça me fait vraiment plaisir de vivre dans une grande famille.

La grande famille de Mila, Éric Battut, DR.

+ DE TEMPS ? Réalise ce même travail de mise en couleur sur le texte de référence « Combien de taches ? ».

Nom : .... Date : ....

Défi 2

Un texte à compter

2★ Premiers essais d'écriture

1 Les structures pour mon texte

Complète les phrases en écrivant des éléments de la liste ou de ton choix.

Des personnages	sœur, frère, grand-père, grand-mère, oncle, tante, cousin, cousine, voisin, voisine, maître, maîtresse, boulanger, épicière, tortue, chat, chien, souris, hamster, poisson, agneau, léopardeau, renardeaux, oursons, oisillons, serpent, dragon, extraterrestres, des sorcières, des ogres
Des choses à compter	des taches, des pattes, des feuilles, des trous, des bonbons, des amis, des jouets, des crayons, des nuages, des légumes, des fleurs, des fusées, des étoiles

– *Dis-moi* .... *combien as-tu de* .... ?

– *Moi, j'en ai* ....

– *Et toi,* .... *combien as-tu de* .... ?

– *Moi, j'en ai* ....

2 La réécriture à ma façon

Récris ce texte en remplaçant les mots en gras par des mots de ton choix.

– Dis **maman**, combien y a-t-il d'animaux dans **cette ferme** ?

....

– Il y en a 2. **La poule** 1, **le coq** 2.

....

– Mais tu oublies **le poussin** !

....

– Tu as raison, alors il y en a 3. **La poule, le coq, le poussin**.

....

3 Le premier jet

Commence à écrire ton propre texte au dos de cette feuille ou sur un cahier.

4 Point d'étape

As-tu vérifié que ton texte commence bien par une question ? ☐ OUI ☐ NON

Nom : .... Date : ....

Défi 2

Un texte à compter

2 Premiers essais d'écriture

1 Des structures et des émotions

Des rimes et des nombres

Complète ces structures en t'appuyant sur ces mots qui riment avec des nombres ou des mots de ton choix.

Un	Deux	Trois	Quatre
coquin serein	merveilleux heureux	parfois en joie	blanchâtre grisâtre

Dis-moi, combien y a-t-il de lapins dans le terrier ?

Il y a **un** lapin ....

Et sous l'arbre ?

Je vois **deux** lapins ....

Combien y a-t-il de lapins derrière l'arbre ?

Encore **trois** lapins ....

Et dans le buisson ?

J'aperçois **quatre** lapins ....

2 La production d'un élève

Surligne des mots et des expressions qui te semblent utiles pour ton propre texte.

Des pattes mathématiques *(texte composé par Milan)*

Voici Jojo le pigeon,
Il n'a plus qu'une patte.
Il a été blessé par un pirate.
Dis-moi la pie bavarde
Combien as-tu de pattes ?
Moi, j'en ai 2 ! Une de plus que lui !
Et toi le beau papillon ?
J'ai 4 pattes ! Trois de plus que lui !
Et toi la grosse araignée ?
2, 4, 6, 8 ! J'en ai 8 ! Le double de 4 ! Sept de plus que lui !
Et toi le mille-pattes ?
Moi ? J'ai arrêté de compter...

3 Le premier jet

Commence à écrire ton propre texte au dos de cette feuille ou sur un cahier.

4 Point d'étape

As-tu vérifié que ton texte commence bien par une question ? ☐ OUI ☐ NON

Nom : .... Date : ....

Défi 2
Un texte à compter

3★ Les outils pour mieux écrire ton texte

1 Des structures et des synonymes

Lis toutes les phrases possibles. Puis colorie tes structures préférées. Tu les utiliseras dans ton texte.

- Notre chien a une tache, { on dirait / pareil à / il ressemble à } un pirate.
- J'ai 17 dents { mais que / mais rien que / mais seulement } deux yeux.
- Si je compte bien, { je crois / j'estime / je vois } qu'il y a cinq escargots.

2 Les mots qui enrichissent

Lis ces listes. Choisis des verbes et des adjectifs pour enrichir les phrases. Puis, utilise-les pour écrire ton texte.

Dis-moi la pie **bavarde** Dis-moi la pie **malicieuse**

Combien as-tu de **petites** pattes ? Combien de **jolies** pattes as-tu ?

Des verbes pour enrichir

Plutôt qu'« ajoute »…	Plutôt que « dit »…	Plutôt que « retire »…	Plutôt que « demande »…
rajoute complète augmente additionne	fait remarquer explique répond rétorque proteste	enlève ôte déduit	questionne interroge s'interroge interpelle

Des adjectifs pour enrichir

joli / jolie beau / belle mignon / mignonne magnifique	parfait / parfaite idéal / idéale joyeux / joyeuse rieur / rieuse	coquin / coquine rusé / rusée malin / maline	bavard / bavarde doux / douce pensif / pensive velu / velue

Et toi le .... papillon ?

Et toi le .... papillon ?

3 La production de ton texte

Écris ton texte au dos de cette feuille ou sur un cahier pour répondre aux critères du défi et en utilisant certains de ces outils.

4 Point d'étape

Tu as introduit au moins un adjectif dans ton texte. ☐ OUI ☐ NON

3 Les outils pour mieux écrire ton texte

1 Du dialogue à la comptine

Barre les signes de ponctuation et autres marques du dialogue pour faire de ce texte une comptine. À ton tour, choisis de garder ou non les marques du dialogue.

Le compte des billes *(texte composé par Lisa)*

– La partie est terminée ! Je fais les comptes ! Combien de billes ?, demande Lisa.
– J'en compte 5 !, dit Camille. 5 comme les cinq doigts de la main !
– Et toi Norah ? Combien de billes as-tu ? demande Lisa.
– Je n'en ai que 4, dit Norah. Mais j'ai un bout de tarte !
– Et toi le grand Alban ?
– Je crois bien que j'en ai 3 !
– Et toi Yasmine qui a bonne mine ?
– Un et encore un, ça fait 2 ! Un beau jeu !
– Et toi Adèle la rebelle ? questionne Lisa.
– Moi je n'en ai qu'une… mais j'ai dix prunes ! Car je ne compte pas pour des prunes !

2 Utiliser du vocabulaire et des rimes

Lis ces listes. Choisis des verbes et/ou des adjectifs pour écrire ton texte.

Ajouter	Dire	des rimes	
rajouter	ajouter	malin ; coquin	expressif ; pensif
compléter	faire remarquer	joyeux ; merveilleux	doucette ; parfaite
augmenter	expliquer	parfois ; en joie	petite ; vite
unir	observer	blanchâtre, grisâtre	rieur ; bricoleur
additionner	répondre	rusé ; futé	mignon ; grognon
Retirer	rétorquer	beau ; nouveau	souvent ; prudent
enlever	protester	belle ; modèle	toujours ; amours
ôter	s'interroger	timide ; rapide	chemin ; enfin
		peureux ; minutieux	soudain ; demain
		courageux ; audacieux	charmant ; séduisant
		foufou ; tout mou	craintif ; émotif

3 La production de ton texte

Écris ton texte au dos de cette feuille ou sur un cahier pour répondre aux critères du défi et en utilisant certains de ces outils.

4 Point d'étape

Pour ton texte, tu as choisi des verbes originaux. ☐ OUI ☐ NON

Nom : .... Date : ....

4★ Relire et enrichir ton texte

La grille de réussite

En relisant le texte que tu as produit, coche les cases de la grille de réussite.
Si nécessaire, enrichis ton texte.

CE QUI ÉTAIT ATTENDU :

Des nombres	Tu as utilisé **plusieurs nombres.**	☐ OUI ☐ NON
	Écris ici les nombres que tu as utilisés :	
Les petits mots qui expliquent	Tu as utilisé **différents petits mots qui relient :** mais, mais seulement, pareil à, etc.	☐ OUI ☐ NON
	Écris ici les petits mots que tu as utilisés :	
Les adjectifs qui enrichissent	Tu as utilisé **des adjectifs qui enrichissent.**	☐ OUI ☐ NON
	Écris ici les adjectifs que tu as utilisés :	
Les accords	Tu as vérifié **les accords du pluriel** en ajoutant S ou X aux noms et adjectifs ENT aux verbes	☐ OUI ☐ NON
La demande de la maîtresse ou du maître	....	
À la fin	Tu as relu pour corriger l'orthographe.	☐ OUI ☐ NON
	Tu as fait attention au soin et à ton écriture.	☐ OUI ☐ NON
Lecture	Tu as fait lire ta production à un camarade.	☐ OUI ☐ NON
	Tu as lu la production d'un camarade.	☐ OUI ☐ NON

Nom : .... Date : ....

4 Relire et enrichir ton texte

1 Une chute originale

Lis ces différentes chutes possibles d'un même texte et observe les mots en gras.
À ton tour, utilise des mots d'une chute proposée ou de ton choix pour conclure ton texte.

Humour	**Moi ?** J'ai arrêté de compter.
Déterminé	**Moi ?** Je **n'**ai **pas de** pattes. **Mais** j'ai deux yeux comme eux !
Curieux	**Et ils sont combien** dans la famille de Noé ?
Interrogatif	**Et pourquoi** encore compter ?
Exclamatif	Voilà ! Ça me fait vraiment plaisir de vivre dans une grande famille.
Jeu de mots	Moi je n'en ai qu'une... mais j'ai dix prunes ! **Car je ne compte pas pour des prunes !**

2 La grille de réussite

En relisant le texte que tu as produit, coche les cases de la grille critériée.
Si nécessaire, améliore ton texte.

CE QUI ÉTAIT ATTENDU :

Les nombres	Tu as utilisé **plusieurs nombres.**	☐ OUI ☐ NON
Des adjectifs	Tu as utilisé **des adjectifs.**	☐ OUI ☐ NON
La ponctuation	Tu as enrichi la ponctuation de ton texte : dialogue, comptine.	☐ OUI ☐ NON
La chute	Tu as trouvé une chute assez originale.	☐ OUI ☐ NON
	Quelle émotion a-t-elle produite ?	
Les accords	Tu as vérifié **les accords du pluriel** en ajoutant S ou X aux noms et adjectifs ENT aux verbes	☐ OUI ☐ NON
La demande de la maîtresse ou du maître	....	
À la fin	Tu as relu pour corriger l'orthographe.	☐ OUI ☐ NON
	Tu as fait attention au soin et à ton écriture.	☐ OUI ☐ NON
Lecture	Tu as fait lire ta production à un camarade.	☐ OUI ☐ NON
	Tu as lu la production d'un camarade.	☐ OUI ☐ NON
	Quand tu te relis, quel passage de ta production préfères-tu ?	

Défi « Les 5 sens »

Thème : Une comptine suivant les 5 sens.

Support : « Je vois… », Ann Rocard.

Genre : Comptine.

Résumé : 5 sens, la vue, l'ouïe, l'odorat, le goût et le toucher, sont abordés sous la forme d'une comptine originale, en rimes.

Éléments de compréhension à faire identifier :

- Faire identifier quelques caractéristiques des comptines : un texte court, en vers et en rimes.
- Faire identifier le thème du texte, les 5 sens, par le biais du vocabulaire : « je vois » pour la vue, « j'entends » pour l'ouïe, « je touche » pour le toucher, « je sens » pour l'odorat, « je goûte » pour le goût.
- Faire remarquer l'originalité du texte, notamment les situations irréelles qui répondent à la contrainte de rimes.

Textes ressources du module :

– « Je vois… », Ann Rocard.

– « Le clown Pitchoum », Ann Rocard.

En complément (ressources à télécharger) :

– Une fiche « compréhension » du texte ressource du défi.

Les incontournables du défi :

– Présence du thème des 5 sens

– Présence de caractéristiques de comptines : des rimes et des vers

– De l'émotion

– Une chute qui permet de conclure la comptine, notamment de manière originale

Enrichissements d'écriture travaillés :

– Usage de rimes

– Usage de connecteurs

– Les adjectifs

– Les synonymes

– La ponctuation des émotions

Formulation du défi pour l'élève :

DÉFI « Les 5 sens »

Consigne :

À l'aide du texte source *Je vois…*, écris une courte comptine, ayant pour thème les 5 sens, et comportant des rimes.

Contraintes et attendus :

– Produire une comptine présentant 3 sens (CE1) ou 5 sens (CE2).

– Seront valorisés les textes :

- qui présenteront les sens,
- qui feront usage de rimes,
- qui produiront des émotions,
- qui se termineront sur une chute originale.

Nom : ....

Texte ressource

Je vois...

Je vois un chameau
qui boit du sirop.

J'entends un castor
souffler dans un cor.

Je touche un renard
au fond du placard.

Je sens le parfum
d'un dragon malin.

Je goûte un mystère
avec ma cuillère.

« Je vois... », Ann Rocard.

Nom : .... Date : ....

1★ Caractériser le genre et la structure

La structure du genre

Colorie les carrés devant les lignes qui correspondent à ces différents thèmes du texte :

- ■ LE GOÛT
- ■ L'ODORAT
- ■ L'OUÏE
- ■ LE TOUCHER
- ■ LA VUE
- ■ L'INTRODUCTION DU TEXTE
- ■ LA CHUTE DU TEXTE

Le clown Pitchoum

☐ C'est moi le clown,
☐ le clown Pitchoum !

☐ Pour mieux voir, j'ouvre grands les yeux ;
☐ je suis un petit clown curieux.

☐ Pour écouter, j'ai deux oreilles
☐ qui sont toutes les deux pareilles.

☐ J'ai une langue pour goûter ;
☐ je suis gourmand en vérité.

☐ Pour sentir, j'ai un très gros nez ;
☐ il est rouge toute l'année.

☐ Et pour toucher, j'ai tout mon corps.
☐ Oh, ça alors !
☐ C'est un peu fort !

Ann Rocard

PLUS DE TEMPS ? Réalise le même travail sur le texte de référence « Je vois... ».

Nom : .... Date : ....

1 Caractériser le genre et la structure

La structure du genre

Analyse le texte en écrivant dans le tableau les mots qui correspondent à chacun des 5 sens.

GOÛT	ODORAT	OUÏE	TOUCHER	VUE
....	....	....	....	....
....	....	....	....	....
....	....	....	....	....

Colorie les rimes à la fin de chaque vers :

- en **vert** pour la première rime,
- en **bleu** pour la deuxième rime,
- en **jaune** pour la troisième rime,
- en **rouge** pour la quatrième rime,
- en **violet** pour la cinquième rime.

Le clown Pitchoum

C'est moi le clown,
le clown Pitchoum !

Pour mieux voir, j'ouvre grands les yeux ;
je suis un petit clown curieux.

Pour écouter, j'ai deux oreilles
qui sont toutes les deux pareilles.

J'ai une langue pour goûter ;
je suis gourmand en vérité.

Pour sentir, j'ai un très gros nez ;
il est rouge toute l'année.

Et pour toucher, j'ai tout mon corps.
Oh, ça alors !
C'est un peu fort !

Ann Rocard

Réalise le même travail
sur le texte de référence « Je vois... ».

Nom : .... Date : ....

Défi 3

Les 5 sens

2★ Premiers essais d'écriture

1 Des rimes

Complète les phrases en utilisant des mots de la liste ou de ton choix, qui riment avec le mot en gras.

nez	**bouche**	**oreilles**	**mains**
diner	mouche	bouteille	oursin
bouquet	amuse-bouche	corneille	lapin
yeux	**langue**	**tympans**	**doigts**
paysage merveilleux	amande	instruments	oie
animal furieux	glace très grande	vent	noix

Avec mon nez,

je respire ....

Avec mes yeux,

je regarde ....

Avec ....

j'avale ....

Avec ....

j'entends ....

Avec ....

je touche ....

2 Les phrases enrichies

Récris le dernier vers en remplaçant le mot souligné par un mot de ton choix. Insère des mots dans tes vers.

Elle savoure, avec ses lèvres,
un aliment sucré et un fromage de chèvre.

....

Il hume, avec ses délicates narines,
l'odeur du saumon et des sardines.

....

3 Le premier jet

Commence à écrire ton propre texte au dos de cette feuille ou sur un cahier.

4 Point d'étape

Pour ton texte, tu as trouvé des rimes. ☐ OUI ☐ NON

Nom : .... Date : ....

2 Premiers essais d'écriture

1 Des structures et des petits mots

Lis toutes les phrases possibles. Puis colorie tes structures préférées.
Tu les utiliseras dans ton texte.

- Il → { écoute / auditionne / entend } → sa voisine chanter, → { puis enfin / mais après / et tout à coup } → crier.

- Tu → { sens / humes / respires } → { ainsi / donc / alors } → une odeur.

- Je → { mange / déguste / gobe } → une mouche → { même si / pourtant / alors que } → c'est louche !

2 La production d'un élève

Surligne des mots et des expressions qui te semblent utiles pour ton propre texte.

Le fruit *(texte composé par Louisa)*

Je vois avec mes yeux,
un fruit très curieux.

Je touche avec mes mains,
ce fruit doux comme un lapin.

Je sens avec mon nez,
ce fruit tout parfumé.

Je goûte avec ma langue
ce fruit qui est une mangue.

Oh non ! J'entends avec mes deux oreilles,
le bruit des abeilles !

3 Le premier jet

Commence à écrire ton propre texte au dos de cette feuille ou sur un cahier.

4 Point d'étape

Pour ton texte, tu as déjà construit des phrases pour au moins deux des 5 sens.

☐ OUI ☐ NON

Nom : .... Date : ....

3★ Les outils pour mieux écrire ton texte

1 Des rimes

Lis ces listes de mots qui riment et choisis ceux dont tu as besoin.

o	a	é	i
abricot	bras	adorer/adoré	confetti
anneau	compas	bleuté	lit
château	il dansa/dansera	boulanger	mélodie
éléphanteau	opéra	prunier	ouistiti
rigolo	bois	pommier	riz
tableau	samba	doré	toupie

on	oir	in	e
accordéon	arrosoir	lapin	baveux
bourgeon	histoire	matin	bleu
nous jouons	loir	raisin	cheveux
lampion	miroir	refrain	feu
lion	noir	tambourin	lumineux
macaron	trottoir	voisin	malicieux

2 Des adjectifs et des adverbes

Ajoute un adjectif de la liste ou de ton choix à ce texte. Ajoute un adjectif à ton texte.

brillant/brillante – grand/grande – gros/grosse – joli/jolie – long/longue
magnifique – doux/douce – merveilleux/merveilleuse – petit/petite – sombre

Je vois avec mes yeux.
Je vois avec mes **beaux** yeux.
Je vois avec mes **grands et beaux** yeux.
Je touche avec mes mains.
Je ....
Je sens avec mon nez.
Je ....

3 La production de ton texte

Écris ton texte au dos de cette feuille ou sur un cahier pour répondre aux critères du défi et en utilisant certains de ces outils.

4 Point d'étape

Pour ton texte, tu as utilisé au moins un adjectif. ☐ OUI ☐ NON

Nom : .... Date : ....

3 Les outils pour mieux écrire ton texte

1 Les synonymes

Lis ces listes de verbes. Remplace chaque verbe en gras dans le texte par un mot de la liste ou de ton choix.

GOÛT	ODORAT	OUÏE	TOUCHER	VUE
avaler	humer	écouter	caresser	admirer
déguster	renifler	entendre	chatouiller	apercevoir
gober	respirer	hurler	frôler	fixer
goûter	sentir	murmurer	malaxer	observer
savourer		gronder	tâtonner	regarder

Le rêve *(texte composé par Kenzo)*

Je **vois** une fille	Je .... une fille
Qui tient des myrtilles.	
Je l'**entends** chanter	Je .... chanter
Puis crier !	
Je **sens** une odeur étrange	Je .... une odeur
Qui me dérange…	
Je **touche** mon nez	Je .... mon nez
On dirait un bébé.	
Je **mange** une mouche	Je .... une mouche
C'est louche.	

Pouf !
Voici le rêve de Lina
La reine du Sahara !

2 La ponctuation

Observe l'émotion donnée par la ponctuation en lisant ces mêmes vers.

descriptif	joyeux	suspens
Je sens la bonne odeur D'un bouquet de fleurs.	Je sens la bonne odeur D'un bouquet de fleurs !	Je sens la bonne odeur… D'un bouquet de fleurs.

À ton tour, ajoute la ponctuation à ton poème.

3 La production de ton texte

Écris ton texte au dos de cette feuille ou sur un cahier pour répondre aux critères du défi et en utilisant certains de ces outils.

4 Point d'étape

Pour ton texte, tu as enrichi les verbes de tes phrases. ☐ OUI ☐ NON

Nom : .... Date : ....

4★ Relire et enrichir ton texte

La grille de réussite

En relisant le texte que tu as produit, coche les cases de la grille de réussite.
Si nécessaire, enrichis ton texte.

CE QUI ÉTAIT ATTENDU :

Les 5 sens	Tu as utilisé **plusieurs sens.**	☐ OUI ☐ NON
	Coche les sens que tu as utilisés : ☐ le toucher ☐ le goût ☐ l'ouïe ☐ la vue ☐ l'odorat	
Des rimes	Tu as utilisé **des rimes.**	☐ OUI ☐ NON
	Écris ici quelques rimes que tu as utilisées :	
Les adjectifs qui enrichissent	Tu as utilisé **des adjectifs qui enrichissent.**	☐ OUI ☐ NON
	Écris ici les adjectifs que tu as utilisés :	
La demande de la maîtresse ou du maître	....	
À la fin	Tu as relu pour corriger l'orthographe.	☐ OUI ☐ NON
	Tu as fait attention au soin et à ton écriture.	☐ OUI ☐ NON
Lecture	Tu as fait lire ta production à un camarade.	☐ OUI ☐ NON
	Tu as lu la production d'un camarade.	☐ OUI ☐ NON

4 Relire et enrichir ton texte

1 Une chute originale

a) Lis ces différentes chutes possibles d'un même texte et observe les mots en gras.
b) À ton tour, utilise des mots d'une chute proposée ou de ton choix pour conclure ton texte.

Effrayé	**Oh non !** J'entends avec deux oreilles, le bruit des abeilles !
Agacé	Et pour toucher, j'ai tout mon corps. **Oh, ça alors !** **C'est un peu fort !**
Surpris	**Pouf !** La reine du Sahara !
Jeu de mots	**Ce poème part dans tous les sens !**

2 La grille de réussite

En relisant le texte que tu as produit, coche les cases de la grille critériée.
Si nécessaire, améliore ton texte.

CE QUI ÉTAIT ATTENDU :

Les 5 sens	Tu as utilisé **plusieurs sens.**	☐ OUI ☐ NON
Les rimes	Tu as utilisé **plusieurs rimes.**	☐ OUI ☐ NON
Des mots qui expliquent	Tu as utilisé **différents petits mots qui relient : puis, même si…**	☐ OUI ☐ NON
Des adjectifs	Tu as utilisé **des adjectifs et des synonymes.**	☐ OUI ☐ NON
La ponctuation	Tu as enrichi et diversifié la ponctuation de ton texte.	☐ OUI ☐ NON
La chute	Tu as trouvé une chute assez originale.	☐ OUI ☐ NON
	Quelle émotion a-t-elle produite ?	
La demande de la maîtresse ou du maître	....	
À la fin	Tu as relu pour corriger l'orthographe.	☐ OUI ☐ NON
	Tu as fait attention au soin et à ton écriture.	☐ OUI ☐ NON
Lecture	Tu as fait lire ta production à un camarade.	☐ OUI ☐ NON
	Tu as lu la production d'un camarade.	☐ OUI ☐ NON
	Quand tu te relis, quel passage de ta production préfères-tu ?	

Défi « En 10 leçons » : notice de fabrication littéraire

Thème : Mode d'emploi.

Support : *Réussir une bagarre en 10 leçons*, Bénédicte Guettier, Casterman, 1994.

Genre : Album.

Résumé : Présenté sous forme de leçons, ce livre indique avec humour comment réaliser une bagarre en 10 étapes.

Éléments de compréhension à faire identifier :

- Faire identifier que le texte se présente comme une notice, comportant 10 étapes dont la cohérence est assurée par leur ordre chronologique.
- Expliquer le rôle des verbes sur lesquels reposent les instructions, ces derniers se plaçant en début de phrase et à l'impératif.
- Souligner l'humour avec lequel est présentée la réalisation d'une bagarre.
- Faire remarquer l'originalité de la chute, à savoir que le plus beau dans la bagarre est la réconciliation.

Textes ressources du module :

– *Réussir une bagarre en 10 leçons*, Bénédicte Guettier.

– *La politesse en 10 leçons*, Bénédicte Guettier.

En complément (ressource à télécharger) :

– Une fiche « compréhension » du texte ressource du défi.

Enrichissements d'écriture travaillés :

– Le type de texte : la notice

– L'impératif

– La ponctuation expressive

– Les adverbes

– La cohérence textuelle

Les incontournables du défi :

– Présence d'un objectif à atteindre, décliné en plusieurs leçons

– Des étapes numérotées dans l'ordre chronologique

– Des verbes à l'impératif visant à introduire les différentes étapes

– Une chute qui permet de conclure la réalisation de l'objectif, ou bien de le dépasser de manière originale

– Des émotions

Formulation du défi pour l'élève :

DÉFI « En 10 leçons »

Consigne :

À l'aide du texte source *Une belle bagarre en 10 leçons,* écris un texte d'initiation permettant d'atteindre un objectif en plusieurs leçons.

Contraintes et attendus :

– Produire au moins 6 leçons (CE1) ou 10 leçons (CE2).

– Seront valorisés les textes :

- qui présenteront l'usage de verbes à chaque étape,
- qui se termineront sur une chute inattendue.

Nom : ....

Texte ressource

Pour faire une belle bagarre

1. Pour réussir une belle bagarre, il faut se sentir de mauvaise humeur, ronchon, grincheux, scrogneugneu…
2. Choisissez un adversaire…
3. Trouvez le motif de la bagarre…
4. Soyez sans pitié !
5. Profitez de votre force !
6. Méfiez-vous des armes de l'adversaire !
7. Tenez-le à distance…
8. Écrasez-le totalement !
9. Sachez cependant arrêter une bagarre à temps…
10. Et n'oubliez pas que le meilleur moment de la bagarre peut être celui de la réconciliation !

Une belle bagarre en 10 leçons, Bénédicte Guettier, © Casterman, 1994.

Nom : .... Date : ....

Défi 4

En 10 leçons

1★ Caractériser le genre et la structure

❶ La structure du genre

Analyse les étapes en coloriant :

- en **rouge**, le titre et l'objectif à réaliser dans l'étape 1.
- en **bleu**, les verbes conjugués utilisés pour introduire les différentes étapes.
- en **vert**, les mots conduisant à une chute originale dans l'étape 10.

Pour faire une belle bagarre

1. Pour réussir une belle bagarre, il faut se sentir de mauvaise humeur, ronchon, grincheux, scrogneugneu…
2. Choisissez un adversaire…
3. Trouvez le motif de la bagarre…
4. Soyez sans pitié !
5. Profitez de votre force !
6. Méfiez-vous des armes de l'adversaire !
7. Tenez-le à distance…
8. Écrasez-le totalement !
9. Sachez cependant arrêter une bagarre à temps…
10. Et n'oubliez pas que le meilleur moment de la bagarre peut être celui de la réconciliation !

Une belle bagarre en 10 leçons, Bénédicte Guettier, © Casterman, 1994.

❷ Point d'étape

Après avoir regardé le texte « Pour faire une belle bagarre », coche ce qui est demandé :

La notice place le verbe	☐ au début de la phrase ☐ en fin de phrase	☐ en milieu de phrase	
La forme des verbes	☐ chanter ☐ chante	☐ chantais ☐ chantera	☐ chantez

Demande le texte de la fiche 2 étoiles pour identifier la structure d'une autre notice.

Nom : .... Date : ....

1 Caractériser le genre et la structure

1 La structure du genre

Analyse les étapes en coloriant :
- en **rouge**, l'objectif à réaliser,
- en **bleu**, les verbes conjugués utilisés sans la négation « ne … pas »,
- en **vert**, les verbes conjugués avec la négation « ne … pas »,
- en **orange**, les mots présents dans l'étape 1 et l'étape 10.

La politesse en 10 leçons

1. Pour être parfaitement poli, il suffit de lire ce petit livre et de faire ce qu'il dit…
2. Dites bonjour.
3. Dites merci.
4. Dites s'il vous plaît…
5. Ne dites pas de gros mots comme crétin, cacaboudin, idiote, zut, pas beau.
6. Ne parlez pas la bouche pleine…
7. Écoutez quand on vous parle…
8. Mettez la main devant la bouche quand vous bâillez…
9. … de même que quand vous toussez…
10. De toute façon, lorsqu'on a oublié d'être poli, il suffit de dire pardon !

La politesse en 10 leçons, Bénédicte Guettier, © Casterman, 1994.

2 Point d'étape

Note les différents verbes qui sont employés en début de phrase de ce texte.
Souligne leurs terminaisons.

Demande le texte de la fiche 1 étoile
et réalise les questions demandées.

Nom : ....   Date : ....

Défi 4

En 10 leçons

2★ Premiers essais d'écriture

❶ Des leçons pour un objectif

Surligne ou écris un thème pour écrire tes leçons.

Des thèmes

Comment réaliser un beau dessin ?	Comment écrire un beau texte ?
Comment dresser un animal sauvage ?	Comment faire un bon sandwich ?
Comment arrêter une colère ?	Comment faire une potion magique ?
Comment faire une belle farce ?	Comment dessiner un beau portrait ?
Comment décorer un sapin de Noël ?	Comment avoir plein d'amis ?

Ou un autre thème :

....

❷ Une production

Découvre un texte écrit par un élève de ton âge.

Surligne des mots et des expressions qui te semblent utiles pour ton propre texte.

Adopter un dinosaure T. rex en 7 leçons *(texte composé par Aymene)*

1. Si vous voulez adopter un T. rex, lisez ce petit texte et faites ce qu'il dit !
2. Tout d'abord, cherchez un œuf de T. rex.
3. Mettez-le au chaud, il faut être patient !
4. Achetez beaucoup de viande.
5. Attendez qu'il éclose et, lorsqu'il éclôt, courez avant qu'il ne vous mange.
6. Prenez la viande, jetez tout par terre.
7. Puis, quand il est en train de manger, tout doucement, mettez votre main sur sa tête.

❸ Le premier jet

Commence à écrire ton propre texte au dos de cette feuille ou sur un cahier.

❹ Point d'étape

Finalement, quel est le thème de ta production ?

....

As-tu réussi à placer tes verbes au début de tes phrases ?

....

Nom : .... Date : ....

2 Premiers essais d'écriture

1 Des verbes

Complète les phrases par les verbes proposés ou de ton choix.

Tout d'abord,	Ensuite,	Attention,
choisissez	prenez	n'oubliez pas de
prenez	saisissez	méfiez-vous de
repérez	emparez-vous	prenez garde à
cherchez	empoignez	rappelez-vous que

1. Si vous voulez améliorer votre lecture, lisez ce petit texte et faites ce qu'il dit !
2. Tout d'abord, ...
3. Ensuite, ...
4. Attention, ...

2 Un parcours en plusieurs temps

Complète ces leçons en t'appuyant sur ces mots, ou d'autres de ton choix.

Pour...	Il faut...		Mais...
réussir	trouver	prenez	méfiez-vous
arriver à	choisir	saisissez	sachez que
parvenir à	prendre	empoignez	n'oubliez pas que
faire	chercher	attrapez	attention

1. Pour .... à écrire un beau texte,
2. il faut .... une bonne idée.
3. Dès que vous avez une idée, ... votre stylo.
4. Mais .... l'idée peut vite s'envoler.

3 Le premier jet

Maintenant, commence à écrire ton propre texte au dos de cette feuille ou sur un cahier.

4 Point d'étape

As-tu trouvé une bonne idée de texte ? Quel est son thème ?

....

As-tu été attentif à la terminaison des verbes de ton texte ? Pense à le faire.

....

Nom : .... Date : ....

3★ Les outils pour mieux écrire ton texte

1 Le vocabulaire : des verbes et des adjectifs

Lis ces listes.
Choisis des verbes et des adjectifs pour enrichir ton texte.

Des verbes et des structures verbales

Pour réussir…	trouvez	attrapez	Mais attention…
Pour réussir	choisissez	prenez	méfiez-vous
Pour arriver à	prenez	saisissez	sachez que
Pour parvenir à	repérez	emparez-vous	n'oubliez pas que
Pour faire	favorisez	empoignez	faites attention à

Des adjectifs : il faut être… / il ne faut pas être…

patient – serein	furieux – colérique	triste – abattu	joyeux – enthousiaste
craintif – apeuré	épaté – médusé	désespéré – paralysé	fanatique – exalté
hésitant – indécis	ravi – radieux	ravagé – rayonnant	déconcerté – perplexe
affolé – anxieux	paisible – épanoui	anéanti – terrassé	estomaqué – éberlué

2 L'ordre logique des leçons

Numérote les leçons de 1 à 6 afin que le texte de cette élève soit logique.

Comment réveiller une adolescente en 6 leçons *(texte écrit par Mai)*

..... Et parfois de sauter sur son lit.

..... Pour réveiller une ado, parfois il suffit juste de la secouer…

..... Ou encore de crier dans toute la maison : RÉVEILLE-TOI !!!

..... Maintenant, tapez sur la casserole le plus fort possible !

..... Si ça ne marche toujours pas, prenez une casserole et une cuillère en bois.

..... Mais le plus simple est peut-être de lui régler son réveil avec un peu d'avance…

3 Point d'étape

As-tu été attentif à l'ordre dans lequel tu as mis tes leçons ? ☐ OUI ☐ NON

As-tu enrichi les verbes et les adjectifs de ton texte ? ☐ OUI ☐ NON

Nom : .... Date : ....

Défi 4
En 10 leçons

3 Les outils pour mieux écrire ton texte

1 Le vocabulaire : des adverbes pour renforcer l'action

Lis ces listes. Choisis des mots pour enrichir ton texte.

Fortement	Joyeusement	Attentivement	Courageusement	Calmement
énergiquement	allègrement	soigneusement	valeureusement	sereinement
obstinément	gaiement	minutieusement	bravement	tranquillement
franchement	heureusement	précisément	vaillamment	paisiblement
fermement	**Avec tristesse**	**Délicatement**	**Peureusement**	**Durement**
vigoureusement	tristement	finement	craintivement	furieusement
intensément	malheureusement	pianissimo	anxieusement	ardemment

2 Conclure son texte

Lis ces étapes finales. Observe les mots en gras.
Choisis et ajoute un élément à la dernière étape de ton propre texte.

Exemple 1	**Et n'oubliez pas** que le meilleur moment de la bagarre peut être celui de la réconciliation !
Exemple 2	**Et quand il est** épuisé, prenez-le dans vos bras !
Exemple 3	**Surtout,** réconciliez-vous !
Exemple 4	**Voilà, vous savez maintenant** comment faire une belle bagarre !
Exemple 5	De toute façon, **il suffit de** lire ou, lorsque vous avez oublié, **il suffit de** dire pardon !

3 Deux productions d'élèves

Voici deux productions d'élèves. Lis-les, elles peuvent te donner des idées.

Adopter un dinosaure T. rex en 7 leçons	Comment réveiller une ado en 6 leçons
(texte écrit par Aymene)	*(texte écrit par Mai)*
Si vous voulez adopter un T. rex, lisez ce petit texte et faites ce qu'il dit !	Pour réveiller une adolescente, parfois il suffit juste de la secouer...
Tout d'abord, cherchez un œuf de T. rex.	Et parfois de sauter sur son lit.
Mettez-le au chaud, il faut être patient !	Ou encore de crier dans toute la maison : RÉVEILLE-TOI !!!
Achetez beaucoup de viande.	Si ça ne suffit pas, prenez une casserole et une cuillère en bois.
Attendez qu'il éclose et, lorsqu'il éclôt, courez avant qu'il ne vous mange.	Maintenant, tapez dessus le plus fort possible.
Prenez la viande, jetez tout par terre.	Mais le plus simple est peut-être de lui régler son réveil avec un peu d'avance...
Puis, quand il est en train de manger, tout doucement, mettez votre main sur sa tête.	

3 Point d'étape

As-tu été attentif à ajouter des adverbes à ton texte ? ☐ OUI ☐ NON

4★ Relire et enrichir ton texte

1 Utiliser la ponctuation

Choisis la ponctuation du texte puis vérifie en comparant avec le texte source.
Ajoute la ponctuation à ton texte : ! ... , .

Pour faire une belle bagarre

Pour réussir une belle bagarre...... il faut se sentir de mauvaise humeur.......
ronchon...... grincheux...... scrogneugneu.......
Choisissez un adversaire.......
Trouvez le motif de la bagarre.......
Soyez sans pitié.......
Profitez de votre force.......
Et n'oubliez pas que le meilleur moment de la bagarre peut être celui
de la réconciliation.......

2 La grille de réussite

En relisant le texte que tu as produit, coche les cases de la grille critériée.
Si nécessaire, améliore encore ton texte.

CE QUI ÉTAIT ATTENDU :

Les leçons	Tu as écrit **plusieurs leçons numérotées.**	☐ OUI ☐ NON
Les verbes	Tu as souvent commencé tes phrases par des **verbes.**	☐ OUI ☐ NON
La ponctuation	Tu as enrichi et diversifié la **ponctuation** de ton texte.	☐ OUI ☐ NON
La chute	Tu as trouvé une **chute** assez originale.	☐ OUI ☐ NON
La demande de la maîtresse ou du maître	....	
Lecture	Tu as fait lire ta production à un camarade.	☐ OUI ☐ NON
	Tu as lu la production d'un camarade.	☐ OUI ☐ NON

Nom : .... Date : ....

4 Relire et enrichir ton texte

1 Des connecteurs logiques

Observe bien les mots-connecteurs en gras de ces phrases.
Puis tâche de placer ce genre de connecteurs dans ton propre texte.

Pour / Afin de — réussir le sortilège de transformation, — tout d'abord, / premièrement, — empoignez votre baguette.

Ensuite / Puis — tendez votre baguette vers l'objet à transformer.

Prononcer — évidemment / bien sûr — la bonne formule magique.

Lorsque / Quand — c'est fait, votre objet est transformé !

Mais / Cependant — méfiez-vous de la formule, — car / parce que — si vous la prononcez mal, c'est vous qui serez transformé !

2 Utiliser la ponctuation

Choisis la ponctuation du texte composé par un élève de CE : ? . ! ... , « »

Comment transformer un chat noir en souris *(texte écrit par Samy)*

1. Empoignez votre baguette......
2. Tendez-la vers le chat......
3. Prononcez la formule magique ...... Abracadabra oulala......
4. Rien ne se passe...... Alors recommencez......
5. Mais méfiez-vous de la formule...... car il peut aussi transformer en crapaud.....
6. Soyez gentil avec la souris...... ou le crapaud......
7. Si vous n'en voulez plus...... offrez-lui la liberté......

3 La grille de réussite

En relisant le texte que tu as produit, coche les cases de la grille critériée.
Si nécessaire, améliore ton texte.

CE QUI ÉTAIT ATTENDU :

Les leçons	Tu as écrit **plusieurs leçons numérotées.**	☐ OUI ☐ NON
L'ordre	Tu as été vigilant à **l'ordre progressif des leçons.**	☐ OUI ☐ NON
Les verbes	Tu as souvent commencé tes phrases par des **verbes.**	☐ OUI ☐ NON
La ponctuation	Tu as enrichi et diversifié la **ponctuation** de ton texte.	☐ OUI ☐ NON
Les petits mots	Tu as enrichi ton texte avec des **adjectifs** et des **adverbes.**	☐ OUI ☐ NON
La chute	Tu as trouvé une **chute** assez originale.	☐ OUI ☐ NON
La demande de la maîtresse ou du maître	....	
Lecture	Tu as fait lire ta production à un camarade.	☐ OUI ☐ NON
	Tu as lu la production d'un camarade.	☐ OUI ☐ NON

Défi « Façon gigogne » : histoire en structure gigogne

Thème : Les structures répétitives.

Support : *La grosse faim de P'tit Bonhomme*, Pierre Delye, Didier Jeunesse, 2005.

Genre : Album.

Résumé : Un matin, le lutin P'tit Bonhomme se réveille en ayant très faim. Ne trouvant rien chez lui, il court alors chez le boulanger.

Éléments de compréhension à faire identifier :

- Faire identifier où se trouve le personnage principal par le jeu d'une structure répétitive, le lieu étant changeant.
- Expliquer que P'tit Bonhomme a faim par le sens figuré « avoir le ventre vide ».
- Faire remarquer une nouvelle structure répétitive lors de la recherche de nourriture, les différents lieux où elle peut se trouver.
- Souligner la résolution du problème : P'tit Bonhomme se rend tout simplement à la boulangerie.

Textes ressources du module :

– « P'tit Bonhomme a faim », texte extrait de *La grosse faim de P'tit Bonhomme*, Pierre Delye.

– « Un cœur qui bat », texte extrait de *Un cœur qui bat*, Virginie Aladjidi.

En complément (ressource à télécharger) :

– Une fiche « compréhension » du texte ressource du défi.

Enrichissements d'écriture travaillés :

– La cohésion structurelle
– La chute du texte
– Les connecteurs de lieu
– Les structures interrogatives

Les incontournables du défi :

– Présence d'une ou plusieurs structures répétitives
– Progression d'éléments, du plus grand au plus petit contenant
– Cohérence dans la progression des éléments
– Une chute qui permet de conclure et d'atteindre le dernier élément voulu, ou bien de le dépasser de manière originale
– Des émotions

Formulation du défi pour l'élève :

DÉFI « Façon gigogne »

Consigne :

À l'aide du texte source *La grosse faim de P'tit bonhomme*, écris un texte présentant une ou plusieurs structures répétitives permettant d'atteindre progressivement un élément imbriqué dans d'autres éléments eux-mêmes imbriqués les uns dans les autres.

Contraintes et attendus :

– Produire au moins 6 lignes (CE1) ou 10 lignes (CE2).

– Seront valorisés les textes :

- qui présenteront une ou plusieurs structures répétitives,
- qui seront particulièrement originaux,
- ou qui se termineront sur une chute inattendue.

Nom : ....

Texte ressource

P'tit Bonhomme a faim

Dans la ville, il y a une rue.
Dans la rue, il y a une maison.
Dans la maison, il y a une chambre.
Dans la chambre, il y a un lit.
Dans le lit, il y a P'tit Bonhomme
et dans P'tit Bonhomme, il y a un ventre tout vide.
Il ouvre le placard ? Il est vide.
L'armoire ? Elle est vide.
La huche ? Elle est vide.
Alors, il fonce à la boulangerie.
« J'ai faim ! », crie P'tit Bonhomme.

La grosse faim de P'tit Bonhomme, Pierre Delye, © Didier Jeunesse, 2005.

Nom : .... Date : ....

1★ Caractériser le genre et la structure

1 La structure du genre

Dans le premier paragraphe, colorie :
- en **rouge**, les mots répétés en début de phrase,
- en **bleu**, les mots répétés en milieu de phrase.

Dans le premier paragraphe, colorie en **orange**, la ponctuation et les mots identiques.
Colorie en **vert**, la chute qui explique comment P'tit Bonhomme résout son problème.

P'tit Bonhomme a faim

Dans la ville, il y a une rue.
Dans la rue, il y a une maison.
Dans la maison, il y a une chambre.
Dans la chambre, il y a un lit.
Dans le lit, il y a P'tit Bonhomme
et dans P'tit Bonhomme, il y a un ventre tout vide.

Il ouvre le placard ? Il est vide.
L'armoire ? Elle est vide.
La huche ? Elle est vide.
Alors, il fonce à la boulangerie.
« J'ai faim ! », crie P'tit Bonhomme.

La grosse faim de P'tit Bonhomme, Pierre Delye, © Didier Jeunesse, 2005.

Relie les lieux dans l'ordre du texte.

la rue | le placard | la huche | La maison | le lit | la ville | la chambre

2 Point d'étape

As-tu compris que ce texte utilise volontairement des structures répétitives ? ☐ OUI ☐ NON

Donne un exemple pris dans le texte qui le montre :

....

....

Nom : .... Date : ....

Défi 5

Façon gigogne

1 Caractériser le genre et la structure

1 La structure du genre

Surligne ou colorie :

- en **rouge**, le petit mot grammatical qui est répété,
- en **bleu**, le signe de ponctuation qui est répété.

Un cœur qui bat

Dans l'univers, savez-vous ce qu'il y a ?
Il y a la Terre.
Sur la terre, savez-vous ce qu'il y a ?
Un pays.
Dans ce pays, savez-vous ce qu'il y a ?
Un jardin.
Dans ce jardin, savez-vous ce qu'il y a ?
Un immeuble.
Dans cet immeuble, savez-vous ce qu'il y a ?
Un appartement.
Dans cet appartement, savez-vous ce qu'il y a ?
Un salon.
Dans ce salon, savez-vous ce qu'il y a ?
Un fauteuil.
Dans ce fauteuil, savez-vous ce qu'il y a ?
Une maman !
Dans cette maman, savez-vous ce qu'il y a ?
Un bébé.

Un cœur qui bat, Virginie Aladjidi, © Thierry Magnier, 2017.

Comment est structuré le texte ? Coche les différentes réponses possibles.

☐ en questions / réponses
☐ en affirmations / négations
☐ par des lieux du plus petit au plus grand
☐ par des lieux du plus grand au plus petit

Relie les lieux dans l'ordre du texte.

la Terre — un fauteuil — un pays — un salon — l'univers — un immeuble — un appartement — un jardin

2 Point d'étape

Que cherche à nous montrer l'auteure ?

☐ que le monde est constitué de nombreux lieux différents
☐ des lieux qui s'imbriquent les uns dans les autres, du plus grand au plus petit

Nom : .... Date : ....

2★ Premiers essais d'écriture

❶ Lis deux autres textes gigognes

Colorie avec une même couleur les lieux identiques.

Un cœur qui bat

Virginie Aladjidi

Dans l'univers, savez-vous ce qu'il y a ?
Il y a la Terre.
Sur la Terre, savez-vous ce qu'il y a ?
Un pays.
Dans ce pays, savez-vous ce qu'il y a ?
Un jardin.
Dans ce jardin, savez-vous ce qu'il y a ?
Un immeuble.
Dans cet immeuble, savez-vous ce qu'il y a ?
Un appartement.
Dans cet appartement, savez-vous ce qu'il y a ?
Un salon.
Dans ce salon, savez-vous ce qu'il y a ?
Un fauteuil.
Dans ce fauteuil, savez-vous ce qu'il y a ?
Une maman !
Dans cette maman, savez-vous ce qu'il y a ?
Un bébé.

Quelque part dans la Voie lactée

(texte composé par Mila)

Dans la galaxie de la Voie lactée,
savez-vous ce qu'il y a ?
Il y a la Terre.
Sur la Terre,
savez-vous ce qu'il y a ?
Il y a mon petit village.
Dans mon petit village,
savez-vous ce qu'il y a ?
Il y a ma maison.
Dans ma maison,
savez-vous ce qu'il y a ?
Il y a ma chambre.
Et dans ma chambre,
savez-vous ce qu'il y a ?
Il y a un coffre.
Et dans mon coffre,
devinez-vous ce qu'il y a ?
Chut ! Il y a mon doudou tout doux qui dort.

❷ La structure répétitive

Écris la structure répétitive utilisée par ces deux textes :

....

Écris une structure répétitive utilisée par le texte « P'tit Bonhomme a faim » :

....

❸ Le premier jet

Commence à écrire ton propre texte au dos de cette feuille ou sur un cahier en t'aidant si tu veux de ces lieux.

des espaces	des lieux		des pièces	des objets
une planète	un pays	une rue	un salon	un lit
un océan	une ville	un quartier	une chambre	une chaise
un continent	une mer	un jardin	une cuisine	une armoire
une étoile	une montagne	une maison	une classe	un coffre
un désert	une rue	un appartement	une tour	une boite
un nuage	une île	une école	un donjon	une tirelire

Nom : .... Date : ....

Défi 5

Façon gigogne

2 Premiers essais d'écriture

1 Une production d'élève

Surligne des mots et des expressions qui te semblent utiles pour ton propre texte.

Quelque part dans la Voie lactée *(texte composé par Mila)*

Dans la galaxie de la Voie lactée,
savez-vous ce qu'il y a ?
Il y a la Terre.
Sur la Terre,
savez-vous ce qu'il y a ?
Il y a mon petit village.
Dans mon petit village,
savez-vous ce qu'il y a ?
Il y a ma maison.
Dans ma maison,
savez-vous ce qu'il y a ?
Il y a ma chambre.
Et dans ma chambre,
savez-vous ce qu'il y a ?
Il y a un coffre.
Et dans mon coffre,
devinez-vous ce qu'il y a ?
Chut ! Il y a mon doudou tout doux qui dort.

2 Différentes structures de texte gigogne

Lis ces propositions de structures.

Sers-toi de celle de ton choix et adapte-la pour produire ton texte.

Dans la ville… **il y a** une rue… **Dans** la rue… **il y a** une maison…	**Sur** la Terre, **Savez-vous ce qu'il y a ?** **Il y a** mon petit village.
De la farine… **il n'y en a pas**… **Des** œufs… **il n'y en a plus**… Dans l'énorme magasin… **il n'y a personne**…	**Qu'y a-t-il dans** la maison ? **Il y a une chambre, une petite chambre.**
Devinez ce qu'il y a dans ma maison ? **Il y a** une armoire. **Devinez ce qu'il y a dans** cette armoire ?	**Il ouvre** le placard… **Il est vide.** L'armoire… **Elle est vide.** La huche… **Elle est vide.**

Dans le château, **il y avait** une salle de bal **vaste, très vaste.**
Dans la salle de bal, **il y avait** un piano, **brillant, très brillant.**

3 Le premier jet

Commence à écrire ton propre texte au dos de cette feuille ou sur un cahier.

4 Point d'étape

As-tu utilisé différents lieux du plus grand au plus petit ? ☐ OUI ☐ NON

As-tu utilisé une structure répétitive ? ☐ OUI ☐ NON

Nom : .... Date : ....

Défi 5

Façon gigogne

3★ Les outils pour mieux écrire ton texte

1 Les schémas des lieux imbriqués

Observe le schéma du texte « P'tit Bonhomme a faim ». Écris le lieu manquant.

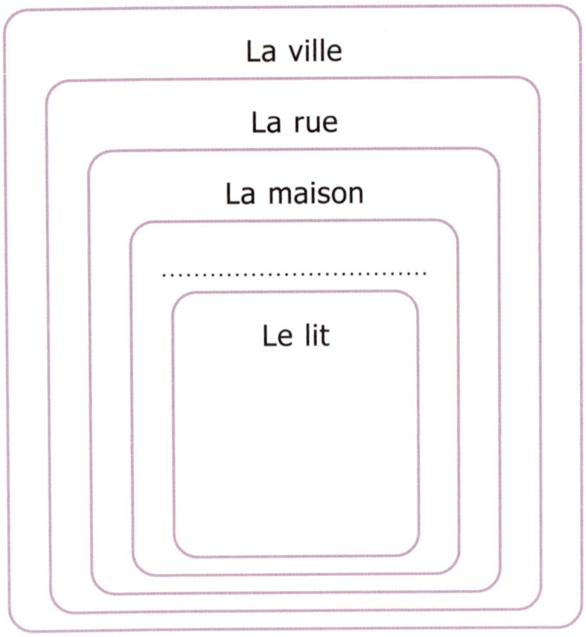

Remplis le schéma qui te servira de trame pour rédiger ton texte. Tu peux aussi le redessiner comme tu le souhaites.

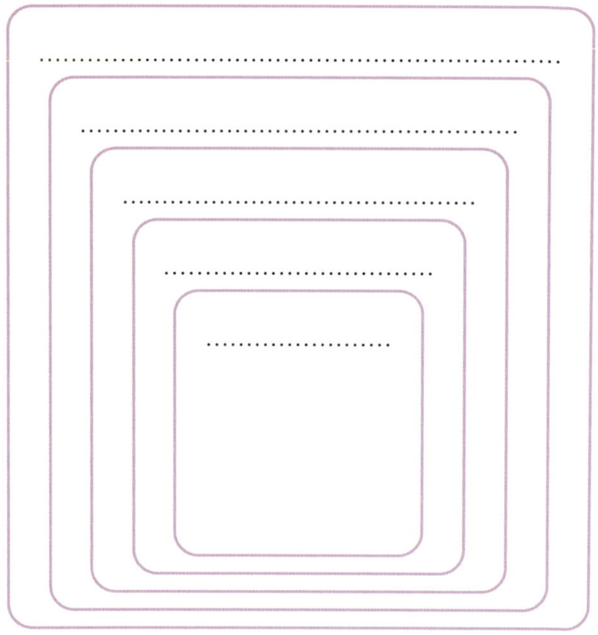

2 Les connecteurs et les adjectifs

Entoure les petits mots qui remplacent « Dans » ainsi que les verbes.
Surligne les adjectifs.
Puis, à ton tour, tente d'en utiliser dans ton propre texte.

Dans	mon petit village,	il y a	une belle maison.
Derrière	la maison,	se trouve	une jolie cabane.
Sous	la cabane,	on voit	un étrange bateau.
Au fond	du bateau,	on découvre	deux boites cabossées.
Entre	les boites,	a été cachée	une lettre rose bonbon.

3 La production de ton texte

Écris ton texte au dos de cette feuille ou sur un cahier pour répondre aux critères du défi et en utilisant certains de ces outils.

4 Point d'étape

As-tu bien organisé tes différents lieux du plus grand au plus petit ? ☐ OUI ☐ NON

As-tu utilisé une structure répétitive pour certaines de tes phrases ? ☐ OUI ☐ NON

Nom : .... Date : ....

Défi 5

Façon gigogne

3 Les outils pour mieux écrire ton texte

1 Les lieux imbriqués

Pour chaque texte, ajoute dans le schéma le lieu manquant.

Un cœur qui bat

- L'univers
  - La Terre
    - Un jardin
      - Un pays
        - ....
          - Un appartement
            - Un salon
              - Un fauteuil

P'tit Bonhomme a faim

- La ville
  - La rue
    - La maison
      - ....
        - Le lit

Quelque part dans la Voie lactée

- La galaxie
  - La Terre
    - Un village
      - Une maison
        - Une chambre
          - ....
            - Un doudou

2 Les lieux imbriqués que tu as choisis

Trace sur une feuille le schéma des lieux imbriqués correspondant au texte que tu écris.

3 Les adjectifs

Surligne les adjectifs employés par cet élève pour son texte.
À ton tour, enrichis ton texte avec des adjectifs.

Dans une grande maison *(texte composé par Pierre)*

Dans une grande maison, il y a une minuscule cuisine.
Dans la minuscule cuisine, il y a un petit enfant.
Dans le petit enfant, il y a une immense joie de faire un gâteau.
De la farine ? Il n'y en a pas.
Des œufs ? Il n'y en a plus.
Et du chocolat ? Non plus.
« Vite, il faut aller à l'énorme magasin ! » dit le petit enfant.
Mais la porte de l'énorme magasin était fermée.
Alors l'enfant n'a pas fait de gâteau.
Mais dans un petit placard, il a trouvé des bonbons.
C'est bon aussi…

4 Point d'étape

As-tu bien organisé tes différents lieux du plus grand au plus petit ?	☐ OUI	☐ NON
As-tu utilisé une structure répétitive pour certaines de tes phrases ?	☐ OUI	☐ NON
As-tu ajouté des adjectifs ?	☐ OUI	☐ NON

Nom : .... Date : ....

4★ Relire et enrichir ton texte

La grille de réussite

En relisant le texte que tu as produit, coche les cases de la grille de réussite.
Si nécessaire, enrichis ton texte.

CE QUI ÉTAIT ATTENDU :

Les lieux imbriqués	Tu as **imbriqué plusieurs lieux.**	☐ OUI ☐ NON
	Écris ici la suite des lieux :	
La structure répétitive	Tu as utilisé **au moins une structure répétitive.**	☐ OUI ☐ NON
	Écris ici cette structure répétitive :	
Les adjectifs qui enrichissent	Tu as utilisé **des adjectifs qui enrichissent.**	☐ OUI ☐ NON
	Écris ici quelques adjectifs que tu as utilisés :	
La chute	Écris ici la chute de ton texte, sa dernière phrase :	
La demande de la maîtresse ou du maître	....	
À la fin	Tu as relu pour corriger l'orthographe.	☐ OUI ☐ NON
	Tu as fait attention au soin et à ton écriture.	☐ OUI ☐ NON
Lecture	Tu as fait lire ta production à un camarade.	☐ OUI ☐ NON
	Tu as lu la production d'un camarade.	☐ OUI ☐ NON

Nom : .... Date : ....

4 Relire et enrichir ton texte

1 La chute du texte

Lis ces étapes finales.
Observe les mots en gras.
À ton tour, enrichis la dernière étape de ton propre texte.

Et dans cette maman,
savez-vous ce qu'il y a ?
Un bébé !

Et dans cette boite,
devinez-vous ce qu'il y a ?
Chut ! C'est un secret !

Mais dans la grande maison,
il y a un petit enfant qui **mange des bonbons !**

Et dans mon coffre, devinez-vous ce qu'il y a ?
Chut ! Il y a **mon doudou tout doux** qui dort.

Alors, il fonce à la boulangerie.
« **J'ai faim !** », crie P'tit Bonhomme.

2 La grille de réussite

En relisant le texte que tu as produit, coche les cases de la grille de réussite.
Si nécessaire, enrichis ton texte.

CE QUI ÉTAIT ATTENDU :

Les lieux imbriqués	Tu as **imbriqué plusieurs lieux.**	☐ OUI ☐ NON
	Écris ici les lieux les plus originaux que tu as utilisés :	
La structure répétitive	Tu as utilisé **au moins une structure répétitive.**	☐ OUI ☐ NON
	Écris ici cette structure répétitive :	
Les adjectifs qui enrichissent	Tu as utilisé **des adjectifs qui enrichissent.**	☐ OUI ☐ NON
L'originalité	Écris ici un passage de ton texte que tu trouves original :	
La chute	Écris ici la chute de ton texte, sa dernière phrase :	
La demande de la maîtresse ou du maître	....	
À la fin	Tu as relu pour corriger l'orthographe.	☐ OUI ☐ NON
	Tu as fait attention au soin et à ton écriture.	☐ OUI ☐ NON

Défi « La description »

Thème : La description, le portrait.

Support : Extrait du *Monstre poilu*, Henriette Bichonnier, Gallimard, 2021.

Genre : Conte de littérature jeunesse.

Résumé : Un monstre très laid, et très poilu, rêve de manger des gens. Marchant avec difficulté, il est obligé de se contenter de souris.

Éléments de compréhension à faire identifier :

- Faire identifier l'objet de la description, soit un monstre.
- Souligner les raisons pour lesquelles le monstre ne peut pas manger de personnes : il habite une caverne au fond de la forêt, personne ne s'y rendant, et il ne peut pas courir en raison de sa grosse tête posée sur ses pieds.
- Faire remarquer comment est décrit et caractérisé le monstre, soit par une indication du lieu où il vit, ses spécificités physiques soulignées par des adjectifs, et par sa persévérance à attendre que quelqu'un passe chaque jour.

Textes ressources du module :

– « Le monstre poilu », texte extrait du *Monstre poilu*, Henriette Bichonnier.

– « Méphisto », extrait de *Pas de whisky pour Méphisto*, Paul Thiès.

En complément (ressource à télécharger) :

– Une fiche « compréhension » du texte ressource du défi.

Les incontournables du défi :

– description d'un personnage

– cohérence de la description

Enrichissements d'écriture travaillés :

– usage de connecteurs

– des synonymes pour enrichir

– usage d'adverbes pour enrichir

– rechercher à susciter des émotions chez le lecteur

– les comparaisons

– les chutes

Formulation du défi pour l'élève :

DÉFI « La description »

Consigne :

À l'aide du texte source *Le monstre poilu*, écris un texte où tu décriras un personnage de ton choix.

Contraintes et attendus :

– Produire au moins 5 lignes (CE1) ou 10 lignes (CE2).

– Seront valorisés les textes :

- qui présenteront une description originale d'un personnage,
- qui susciteront l'émotion,
- qui comporteront une chute originale.

Texte ressource

Le monstre poilu

Au milieu d'une sombre forêt, dans une caverne humide et grise, vivait un monstre poilu. Il était laid : il avait une tête énorme, directement posée sur deux petits pieds ridicules, ce qui l'empêchait de courir. Il ne pouvait donc pas quitter sa caverne. Il avait aussi une grande bouche, deux petits yeux glauques, et deux longs bras minces qui partaient de ses oreilles et qui lui permettaient d'attraper les souris. Le monstre avait des poils partout : au nez, aux pieds, au dos, aux dents, aux yeux, et ailleurs.

Ce monstre-là rêvait de manger les gens. Tous les jours, il se postait sur le seuil de sa caverne et disait, avec des ricanements sinistres :

– Le premier qui passe, je le mange.

Mais jamais les gens ne passaient par là, car la forêt était bien trop profonde et bien trop sombre. Et comme le monstre ne pouvait pas courir, à cause de ses petits pieds ridicules, il n'attrapait jamais personne.

Pourtant, avec patience, il continuait à attendre.

Le monstre poilu, Henriette Bichonnier, © Gallimard, 2021.

Nom : .... Date : ....

1★ Caractériser le genre et la structure

❶ La structure du genre

Analyse le texte « Méphisto le chat » en coloriant :
- en **rouge**, les mots qui caractérisent le corps du chat,
- en **vert**, les mots qui caractérisent l'attitude ou le caractère du chat.

Méphisto le chat

Méphisto, c'est mon chat, et il est noir, mais noir ! Noir comme le charbon, noir comme le chagrin, beaucoup plus noir que le fond du plus profond des chapeaux, avec une longue queue recourbée, très chaude et très douce. [...]

Il a des yeux scintillants comme des étoiles, une voix qui monte et descend plus vite que celle d'un violon. Il vagabonde sur les toits gris et froids, traverse silencieusement la nuit, renifle le lapin dans la cocotte-minute et le lait chaud dans la casserole... et il devine toujours ce que je pense.

Pas de whisky pour Méphisto, Paul Thiès, © Syros, 2007.

❷ Les comparaisons

Relève et écris ce à quoi le chat est comparé.

Il est noir comme ....

Il est noir comme ....

Il a des yeux comme ....

DE TEMPS ? Réalise le même travail sur le texte de référence « Le monstre poilu ».

Nom : .... Date : ....

1 Caractériser le genre et la structure

1 La structure du genre

Analyse le texte « La jalousie » en coloriant :
- en **rouge**, les mots qui caractérisent le corps du chat,
- en **vert**, les verbes qui caractérisent l'attitude du chat,
- en **orange**, les adjectifs qui caractérisent le physique de Microbe,
- en **bleu**, les adjectifs qui caractérisent les ennuis de Microbe.

Méphisto le chat

Méphisto, c'est mon chat, et il est noir, mais noir ! Noir comme le charbon, noir comme le chagrin, beaucoup plus noir que le fond du plus profond des chapeaux, avec une longue queue recourbée, très chaude et très douce. [...]

Il a des yeux scintillants comme des étoiles, une voix qui monte et descend plus vite que celle d'un violon. Il vagabonde sur les toits gris et froids, traverse silencieusement la nuit, renifle le lapin dans la cocotte-minute et le lait chaud dans la casserole... et il devine toujours ce que je pense.

Moi, c'est Microbe. Bonjour !

J'ai les cheveux blonds, les yeux bleus, cinq taches de rousseur, pas plus, plus deux sur le nez, et de gros ennuis en calcul. Des ennuis horrrribles avec des tas de zéros.

Pas de whisky pour Méphisto, Paul Thiès, © Syros, 2007.

2 Les comparaisons

Relève et écris à quoi le chat est comparé.

comme ....

comme ....

comme ....

beaucoup plus noir que ....

plus vite que ....

Réalise le même travail sur le texte de référence « Le monstre poilu ».

2★ Premiers essais d'écriture

1 La description physique

Complète le tableau en inscrivant les différentes parties du monstre ainsi que les adjectifs qui les caractérisent.

il avait une tête énorme, directement posée sur deux petits pieds ridicules, ce qui l'empêchait de courir. Il ne pouvait donc pas quitter sa caverne. Il avait aussi une grande bouche, deux petits yeux glauques, et deux longs bras minces qui partaient de ses oreilles

Parties du corps du monstre	Adjectifs	
	énorme	
pieds	petits	ridicules

2 La description des attitudes et du caractère

Comme pour le modèle déjà inscrit dans le tableau, écris au moins 3 autres attitudes caractéristiques de ce monstre.

Ce monstre-là rêvait de manger les gens. Tous les jours, il se postait sur le seuil de sa caverne et disait, avec des ricanements sinistres :

– Le premier qui passe, je le mange.

Mais [...] comme le monstre ne pouvait pas courir, à cause de ses petits pieds ridicules, il n'attrapait jamais personne. Pourtant, avec patience, il continuait à attendre.

Attitudes caractéristiques du monstre
il ricanait de manière sinistre

3 Le premier jet

En t'aidant des textes « Le monstre poilu » et « Méphisto le chat », commence à décrire le personnage ou l'objet de ton choix au dos de cette feuille ou sur un cahier.

Nom : .... Date : ....

2 Premiers essais d'écriture

1 Trier des mots pour décrire

Trie quelques mots et expressions employés par cet élève qui décrit son chien.

Mon chien *(texte composé par Elie)*

Il est merveilleux, mon chien Max.

Il a deux grandes oreilles et des yeux noirs, noirs comme le café.

Il est rapide comme l'éclair, ce qui lui permet de gagner des courses sans problèmes.

Habituellement très calme, parfois il saute partout comme une sauterelle.

Il joue beaucoup à la balle.

Doux comme une peluche, il mange beaucoup, beaucoup trop ! C'est un ogre !

J'aime mon chien.

Et vous savez quoi ?

Il m'aime aussi. (Et il m'aimera toujours.)

La description physique du chien	La description de ses attitudes et de son caractère
....	....
....	....
....	....
....	....
....	....
....	....
....	....
....	....

2 D'autres comparaisons

Dans le texte « Mon chien », surligne 3 comparaisons.

3 Le premier jet

Choisis un personnage et commence à écrire ton propre texte au dos de cette feuille ou sur un cahier.

Pense à :

- décrire physiquement : comment il est,
- décrire les attitudes et le caractère : ce qu'il fait, qui il est,
- utiliser des comparaisons en les introduisant par le mot « comme ».

Nom : ....   Date : ....

3★ Les outils pour mieux écrire ton texte

1 La description d'un personnage

Avec la bonne couleur, colorie les cases devant les phrases de ce texte d'un élève qui décrit son chien.

■ description physique   ✖ description d'attitude ou de caractère

Mon chien *(texte composé par Elie)*

☐ Il est merveilleux, mon chien Max.
☐ Il a deux grandes oreilles
☐ et des yeux noirs, noirs comme le café.
☐ Il est rapide comme l'éclair, ce qui lui permet de gagner des courses sans problèmes.
☐ Habituellement très calme, parfois il saute partout comme une sauterelle.
☐ Il joue beaucoup à la balle.
☐ Doux comme une peluche, il mange beaucoup, beaucoup trop !
C'est un ogre !
J'aime mon chien. Et vous savez quoi ?
☐ Il m'aime aussi. (Et il m'aimera toujours.)

2 Des connecteurs pour comparer

Dans le texte « Mon chien », entoure le petit mot qui introduit 4 comparaisons.
Lis toutes les phrases possibles. Puis colorie tes structures préférées.
Tu utiliseras peut-être certains de ces mots dans ton texte.

- Ma sœur est → plus / aussi / moins → forte qu'un bœuf.
- Comme le / Semblable au / Tel un → renard, mon frère est très rusé.
- Mon hamster est → aussi / plus / autant → malin qu'un singe.
- Il se déplace → comme / à la manière d' / de la même façon qu' → un danseur de l'opéra.

3 Point d'étape

Dans ton texte, tu as utilisé des comparaisons.	☐ OUI	☐ NON
Tu as réalisé une description physique.	☐ OUI	☐ NON
Tu as réalisé une description d'attitude ou de caractère.	☐ OUI	☐ NON

3 Les outils pour mieux écrire ton texte

1 Les caractéristiques et la gradation

Lis ces morceaux de description issus d'un texte d'élève et observe les passages en gras qui marquent la progression logique du texte.
À ton tour, choisis l'ordre des éléments de ta description.

Ma mamie jolie *(texte composé par Zoé)*

Lieu d'habitation	Ma mamie jolie habite une grande, une immense maison.
Caractères et talents	Elle est gentille comme une fée parce qu'elle me prépare toujours un gros gâteau délicieux. Quand je mange sa cuisine, j'ai des papillons dans le ventre.
Caractéristiques physiques	Ma mamie jolie possède de beaux yeux bleus comme la couleur du ciel. Elle a aussi une petite bouche pour sourire à pleines dents. Grâce à ses cheveux d'argent, **on dirait un ange** étincelant.
Caractères et talents	**Mais attention, ma mamie est aussi forte qu'un ours.** Elle n'a peur de RIEN ! Même pas des requins ! Alors que moi, j'en ai très peur... **Elle vit toujours beaucoup d'aventures.**
Chute	**Malgré toutes ses aventures**, savez-vous ce qu'elle préfère ? Eh bien, boire avec moi du chocolat chaud, tout chaud.

2 Des explications et des nuances

Lis ces phrases où des explications ont été ajoutées grâce à des connecteurs.

Cette sorcière avait une grosse verrue sur le nez. **Alors**, les gens la voyaient **très** laide. **Toutefois**, elle était **fort** belle à l'intérieur, **car** elle était gentille avec tout le monde.

Entoure ce genre de connecteurs dans le texte « Le monstre poilu ».
Puis, ajoutes-en dans ton texte en utilisant la liste ou d'autres de ton choix.

Des adverbes

cause	conséquence	quantité	opposition – nuance
car	donc	vite	toutefois
parce que	alors	bien	cependant
puisque	ainsi	fort	néanmoins
grâce à	par conséquent	très	malgré
		aussi	pourtant
			mais

3 Point d'étape

Dans ton texte, tu as réalisé une description physique. ☐ OUI ☐ NON
Tu as réalisé une description d'attitude ou de caractère. ☐ OUI ☐ NON
Tu as enrichi ton texte à l'aide de connecteurs adverbes. ☐ OUI ☐ NON

Nom : .... Date : ....

4★ Relire et enrichir ton texte

1 Le temps des verbes

Relie chaque début de phrase à sa fin en t'aidant du sens, mais aussi du temps des verbes : présent, passé simple, imparfait, futur.
À ton tour, choisis le temps que tu vas utiliser pour écrire ton texte et utilise-le du début à la fin.

Grizou **avait** trois pattes •	• ce qui lui **permet** de vite me retrouver !
Mon chien **est** rapide •	• ce qui l'**empêchait** de sauter avec grâce.
Je **gardais** mon doudou •	• car il **était** si doux qu'il me **réconfortait**.
Mon chat **pourra** courir •	• et **sentait** mauvais comme un putois.
Ce monstre était grand •	• et **sautera** sur l'armoire grâce à ses pattes.
Loulou **est** un vrai ogre •	• mais il **aime** aussi partager sa nourriture.

2 La grille de réussite

En relisant le texte que tu as produit, coche les cases de la grille de réussite.
Si nécessaire, enrichis ton texte.

CE QUI ÉTAIT ATTENDU :

Une description	Tu as utilisé des éléments pour décrire un personnage.	☐ OUI ☐ NON
	Écris ici les éléments que tu as décrits (yeux, corps, caractère, etc.) :	
Les petits mots qui comparent	Tu as utilisé **différents petits mots qui comparent.**	☐ OUI ☐ NON
	Écris ici quelques petits mots que tu as utilisés :	
Les adjectifs	Tu as utilisé des adjectifs pour décrire et enrichir.	☐ OUI ☐ NON
	Écris ici quelques adjectifs que tu as utilisés :	
La demande de la maîtresse ou du maître	....	
À la fin	Tu as relu pour corriger l'orthographe.	☐ OUI ☐ NON
	Tu as fait attention au soin et à ton écriture.	☐ OUI ☐ NON
Lecture	Tu as fait lire ta production à un camarade.	☐ OUI ☐ NON
	Tu as lu la production d'un camarade.	☐ OUI ☐ NON

4 Relire et enrichir ton texte

1 Une chute originale

Lis ces chutes possibles pour un même texte.

Chaque jour le courageux chevalier regardait le ciel…

Rédaction de la chute	Nature de la chute
Il attendait de voir voler un dangereux dragon pour le combattre avec bravoure.	une chute qui joue sur **l'émotion**
Pourquoi ? Personne ne le sait. Un chevalier garde toujours ses secrets !	une chute **mystérieuse**
Savez-vous pourquoi ? Eh bien moi non plus !	une chute **humoristique**
Il attendait de voir voler un dangereux dragon pour… s'enfuir ! Courageux, oui, mais pas s'il pouvait mourir !	une chute **inattendue**

Quelle nature de chute est employée dans les textes :

« Le monstre poilu » : ....

« Méphisto le chat » : ....

« Mon chien » : ....

« Ma mamie jolie » : ....

À ton tour, ajoute un élément original à la fin de ton texte.

2 La grille de réussite

En relisant le texte que tu as produit, coche les cases de la grille critériée.

CE QUI ÉTAIT ATTENDU :

Une description	Tu as utilisé **des éléments** pour décrire un personnage.	☐ OUI ☐ NON
Les petits mots qui expliquent	Tu as organisé et enrichi ton texte, notamment par des **adverbes** et d'autres **petits mots qui relient.**	☐ OUI ☐ NON
Des comparaisons	Tu as utilisé différentes comparaisons.	☐ OUI ☐ NON
Un élément original	Tu as trouvé un élément assez original qui va produire sur le lecteur : ☐ un rire ☐ un effet de surprise ☐ de la tendresse ☐ de la colère ☐ un questionnement ☐ une révolte	
La demande de la maîtresse ou du maître	....	
Lecture	Tu as fait lire ta production à un camarade.	☐ OUI ☐ NON
	Tu as lu la production d'un camarade.	☐ OUI ☐ NON
	Quand tu te relis, quel passage de ta production préfères-tu ?	

Défi « Les dilemmes moraux »

Thème : Le dilemme, l'argumentation, la morale.

Support : Extrait de *PhiloZ'enfants*, Oscar Brenifier, Nathan.

Genre : Album philosophique.

Résumé : À partir d'une situation problème présentée en une phrase, des arguments « pour » et « contre » sont présentés.

Éléments de compréhension à faire identifier :

- Faire identifier la situation problème présentée par le texte, soit la question initiale.
- Faire remarquer que la réponse « oui » ou « non » est toujours justifiée.
- Souligner les arguments qui valident la phrase, les arguments qui contredisent la phrase.
- Faire remarquer le dilemme, soit l'impossibilité de choisir entre la validation ou non de la phrase.
- Souligner les émotions suscitées par les arguments, soit l'humour, puis la peur et la honte, et enfin le sérieux.

Textes ressources du module :

– « Parler devant la classe », texte extrait de *PhiloZ'enfants*, Oscar Brenifier, Nathan.
– « Être libre », « La jalousie » extraits de *PhiloZ'enfants*, Oscar Brenifier, Nathan.
En complément (ressources à télécharger) :
– Une fiche « compréhension » du texte ressource du défi.

Les incontournables du défi :

– Dilemme moral
– Cohérence de l'argumentation « oui » et « non »

Enrichissements d'écriture travaillés :

– Usage de connecteurs
– Des synonymes pour enrichir
– Usage d'adverbes pour enrichir
– Rechercher à susciter des émotions chez le lecteur

Formulation du défi pour l'élève :

DÉFI « les dilemmes moraux »

Consigne :

À l'aide du texte source *Parler devant la classe*, écris un texte où tu présenteras un dilemme moral sous la forme d'une question de ton choix, à laquelle tu répondras par des arguments « oui » et des arguments « non ».

Contraintes et attendus :

– Produire au moins 3 arguments « oui et non » (CE1) ou 5 arguments « oui et non » (CE2).
– Seront valorisés les textes :
- qui présenteront une question initiale originale,
- des arguments « oui » et des arguments « non »,
- qui susciteront l'émotion.

Texte ressource

Parler devant la classe

J'ai peur de parler seul devant la classe...
Non, c'est amusant et je fais le clown.
Oui, je n'aime pas qu'on me regarde.
Oui, parce que je suis seul et qu'ils sont nombreux.
Oui, parce que je peux me tromper et avoir l'air bête.
Oui, parce que je deviens tout rouge et que je bafouille.
Non, parce que j'aime qu'ils écoutent.

PhiloZ'enfants, Oscar Brenifier, © Nathan, 2019.

1★ Caractériser le genre et la structure

La structure du genre

Analyse le texte « La jalousie » en coloriant :
- en **rouge**, la situation problème,
- en **vert**, les arguments pour,
- en jaune, les arguments contre.

Quel petit mot introduit les arguments « pour » ? : ....

Quel petit mot introduit les arguments « contre » ? : ....

La jalousie

Je suis jaloux de mes frères et sœurs !

Non, parce que je les aime.

Oui, parce qu'ils ont des choses que je n'ai pas.

Oui, parce que j'aimerais que mes parents

ne s'occupent que de moi.

Non, parce que ça rend malheureux.

Non, parce que ça fait des histoires.

PhiloZ'enfants, Oscar Brenifier, © Nathan, 2019.

Réalise le même travail sur le texte de référence « Parler devant la classe ».

1 Caractériser le genre et la structure

La structure du genre

Dans le texte « Parler devant la classe » :

Quel petit mot introduit les arguments « pour » ? : ....

Quel petit mot introduit les arguments « contre » ? : ....

Analyse le texte « La liberté » en complétant le tableau :

Les arguments « pour »	....
Les arguments « contre »	....

La liberté

Les autres m'empêchent d'être libre !

Oui, mes parents et la maîtresse me commandent tout le temps.
Non, les gens qui m'aiment me donnent des ailes.
Oui, parce que je me sens obligé de copier les autres pour leur plaire.

Non, car j'ai besoin des autres pour apprendre à faire des choses.
Non, car je sais me défendre.

PhiloZ'enfants, Oscar Brenifier, © Nathan, 2019.

Réalise le même travail sur le texte de référence « Parler devant la classe ».

Nom : .... Date : ....

2★ Premiers essais d'écriture

1 Des connecteurs

Remplace les connecteurs de ces phrases par un connecteur de ton choix.

car – étant donné que – parce que – puisque – vu que

Non, **car** je ne suis pas libre.

Non, ... je ne suis pas libre.

Oui, **parce que** j'ai des amis.

Oui, ... j'ai des amis.

Non, **puisque** je ne peux pas aller à l'école tous les jours.

Non, ... je ne peux pas aller à l'école tous les jours.

2 Les thèmes et leurs arguments

Relie chaque thème à un argument qui lui correspond.

Thèmes	Arguments
Nous sommes **tous différents** •	• Si, j'ai trop peur de rater ma dictée
Les sentiments c'est agréable. •	• Non, car nous avons parfois les mêmes goûts.
Vive **les émotions** ! •	• Oui, ça fait battre délicieusement mon cœur !
Le respect, c'est important. •	• Oui, d'ailleurs je voudrais être pompier.
Ce n'est pas grave de **se tromper**. •	• Non, c'est souvent dur de se sentir en colère...
Sommes-nous **libres** ? •	• Oui, c'est trop méchant de se moquer.
La solidarité est essentielle. •	• Oui, d'ailleurs je n'aime pas les contraintes.

3 Le premier jet

Choisis un thème et commence à écrire ton propre texte au dos de cette feuille ou sur un cahier.

2 Premiers essais d'écriture

1 La production d'un élève

Surligne des mots et des expressions qui te semblent utiles pour ton propre texte.

Est-ce que j'aime ma vie ? *(texte composé par Douah)*

Oui, j'ai la chance d'avoir une famille.
Non, car je ne suis pas libre.
Oui, parce que j'ai des amis.
Non, puisque je ne peux pas aller à l'école tous les jours.
Oui, parce que je peux voir des amis à l'école.
Oui, car je peux avoir ce que je désire.
Oui, j'ai une vie magnifique !

2 Les contre-arguments

Lis ces arguments. Puis trouve des contre-arguments en continuant les phrases.

Oui, j'ai la chance d'avoir une famille.
Mais non, car je n'ai pas la chance d'avoir ....
....

Non, car je ne suis pas libre.
Mais si, car la vraie liberté ....
....

Oui, parce que je peux voir des amis à l'école.
Mais non, car mes amis ....
....

Non, puisque je ne peux pas aller à l'école tous les jours.
Mais si, car tous les jours ....
....

Oui, car je peux avoir ce que je désire.
Mais non, car ....
....

Oui, j'ai une vie fantastique !
Mais non, car parfois ....
....

3 Le premier jet

Choisis un thème et commence à écrire ton propre texte au dos de cette feuille ou sur un cahier.

3★ Les outils pour mieux écrire ton texte

1 Des intrus

Pour chaque thème, colorie :
- en **vert** les cases des arguments qui conviennent,
- en **rouge** les cases des arguments qui ne conviennent pas tellement.

	Les règles, c'est vraiment utile ?		Je n'ai jamais peur.
☐	Oui, car on ne peut pas faire n'importe quoi.	☐	Non, car je suis toujours courageux.
☐	Non, on est tous toujours très sages.	☐	Si, car je comprends qu'il y a des dangers.
☐	Oui, ainsi les autres ne peuvent pas m'embêter.	☐	Non, car tout est sécurisé autour de moi.
☐	Non, car je préfère n'en faire qu'à ma tête.	☐	Si, car je suis encore petit.

	Vivre avec les autres, c'est mieux.
☐	Oui, parce que tout seul je m'ennuierais.
☐	Non, parce que c'est bien plus drôle de jouer tout seul.
☐	Oui, parce que les autres s'occupent bien de moi.
☐	Non, parce que je pourrais faire tout ce que je veux sans qu'on me l'interdise !

2 Les synonymes

Lis ces phrases où des mots répétés sont remplacés par des mots de sens proche.
Lis ton texte et remplace les mots répétés par d'autres de ton choix.

Oui, car **j'aime** jouer.
Non, puisque ~~j'aime~~ **j'adore** apprendre mes leçons.
Oui, car ~~j'aime~~ **j'apprécie** de me reposer.
→ D'autres mots : j'affectionne – je raffole – ça me plaît – je suis fou de

Oui, car **il faut** respecter les gens.
Non, car ~~il faut~~ **il est nécessaire** d'être libre.
Oui, car ~~il faut~~ **nous devons** parler.
→ D'autres mots : il est obligatoire – il s'agit – il est essentiel – il est impératif

Oui, car nos parents ne sont pas **les mêmes**.
Oui, nous n'avons pas des empreintes digitales ~~les mêmes~~ **identiques**.
Non, nous n'avons pas des caractères ~~les mêmes~~ **similaires**.
→ D'autres mots : pareils – semblables – équivalents – analogues – égaux

3 La production de ton texte

Écris ton texte au dos de cette feuille ou sur un cahier pour répondre aux critères du défi et en utilisant certains de ces outils.

Nom : .... Date : ....

3 Les outils pour mieux écrire ton texte

1 Un élément original

Lis ces différentes chutes possibles d'un même texte.
À ton tour, utilise des mots d'une chute proposée ou de ton choix pour enrichir ton texte.

Être maîtresse, c'est bien *(des phrases composées par Paco)*

Oui, parce qu'elle adore l'école.

Mais non, parce que depuis qu'elle est petite fille, elle doit aller à l'école tous les jours !

Oui, car elle adore s'occuper des enfants.

Mais non, c'est trop, car le soir, elle doit encore s'occuper de ses propres enfants !

Oui, parce qu'elle peut parler tout le temps.

Non, car elle peut aussi crier tout le temps...

Non, parce qu'elle demande l'avis des élèves.

Oui, parce qu'elle décide, et puis c'est tout !

2 Les adverbes

Lis ces phrases où des adverbes ont été ajoutés.
Ajoutes-en dans ton texte en utilisant la liste ou d'autres de ton choix.

Sommes-nous différents ? *(texte composé par Laura)*

Oui, car nos parents ne sont **absolument** pas les mêmes.
Oui, nous n'avons pas **du tout** des empreintes digitales identiques.
Oui, nous n'avons pas des caractères **parfaitement** similaires.
Oui, nous n'avons **certainement** pas les mêmes façons de faire.
Oui, nous n'avons **radicalement** pas la même vie.
Oui, parce que nous n'avons pas **tout à fait** le même corps humain.
Oui, parce que nous n'avons pas **exactement** la même vie en fille et garçon.
Et oui, nous n'avons **sûrement** pas la même imagination.

D'autres adverbes

de manière	de temps	de lieu	de quantité / comparaison
vite	autrefois	ici	beaucoup
bien	auparavant	ailleurs	assez
fort	jamais	partout	aussi
rapidement	toujours	loin	autant
précisément	souvent	près	moins

3 La production de ton texte

Écris ton texte au dos de cette feuille ou sur un cahier pour répondre aux critères du défi et en utilisant certains de ces outils.

Nom : .... Date : ....

4★ Relire et enrichir ton texte

La grille de réussite

En relisant le texte que tu as produit, coche les cases de la grille de réussite.
Si nécessaire, enrichis ton texte.

CE QUI ÉTAIT ATTENDU :

Le dilemme moral	Tu as utilisé un dilemme moral.	☐ OUI ☐ NON
	Écris ici le nombre de « oui » et le nombre de « non » que tu as utilisés :	
Les petits mots qui expliquent	Tu as utilisé **différents petits mots qui relient** : oui, non, car, parce que, puisque…	☐ OUI ☐ NON
	Écris ici les petits mots que tu as utilisés :	
La ponctuation	Tu as ajouté des virgules comme sur les modèles des textes proposés.	☐ OUI ☐ NON
	Écris les mots après lesquels tu as placé ces virgules :	
Des synonymes	Tu as utilisé des **synonymes pour éviter les répétitions.**	☐ OUI ☐ NON
	Écris ici les synonymes que tu as utilisés :	
La demande de la maîtresse ou du maître	....	
À la fin	Tu as relu pour corriger l'orthographe.	☐ OUI ☐ NON
	Tu as fait attention au soin et à ton écriture.	☐ OUI ☐ NON
Lecture	Tu as fait lire ta production à un camarade.	☐ OUI ☐ NON
	Tu as lu la production d'un camarade.	☐ OUI ☐ NON

Nom : .... Date : ....

4 Relire et enrichir ton texte

1 D'autres connecteurs

Lis ces phrases qui ont été enrichies par des connecteurs.
À ton tour, utilise un connecteur d'une phrase proposée ou de ton choix pour enrichir ton texte.

Oui, **mais** non, car ils sont drôlement réussis.

Et aussi non, car ils vont grandir.

Et encore non, car ils sont magnifiques.

Pourtant oui, on apprend tous ensemble.

Mais en fait non, parce que nous décidons et c'est tout.

Cependant non, car la liberté des uns se termine là où commence celle des autres.

Car oui, j'aime que tout le monde m'aime.

2 La grille de réussite

En relisant le texte que tu as produit, coche les cases de la grille critériée.
Si nécessaire, améliore ton texte.

CE QUI ÉTAIT ATTENDU :

Un dilemme	Tu as utilisé **des arguments « oui » et « non ».**	☐ OUI ☐ NON
Les petits mots qui expliquent	Tu as utilisé **différents petits mots qui relient : car, parce que, puisque, mais…**	☐ OUI ☐ NON
La cohérence	Tu as organisé et enrichi ton texte, notamment par des **adverbes.**	☐ OUI ☐ NON
Un élément original	Tu as trouvé un élément assez original.	☐ OUI ☐ NON
	Quel effet penses-tu que cet élément va produire sur le lecteur ? ☐ un rire ☐ de la surprise ☐ de la tendresse ☐ de la colère ☐ un questionnement ☐ une révolte	
La demande de la maîtresse ou du maître	....	
À la fin	Tu as relu pour corriger l'orthographe.	☐ OUI ☐ NON
	Tu as fait attention au soin et à ton écriture.	☐ OUI ☐ NON
Lecture	Tu as fait lire ta production à un camarade.	☐ OUI ☐ NON
	Tu as lu la production d'un camarade.	☐ OUI ☐ NON
	Quand tu te relis, quel passage de ta production préfères-tu ?	

Défi « La recette d'une potion magique »

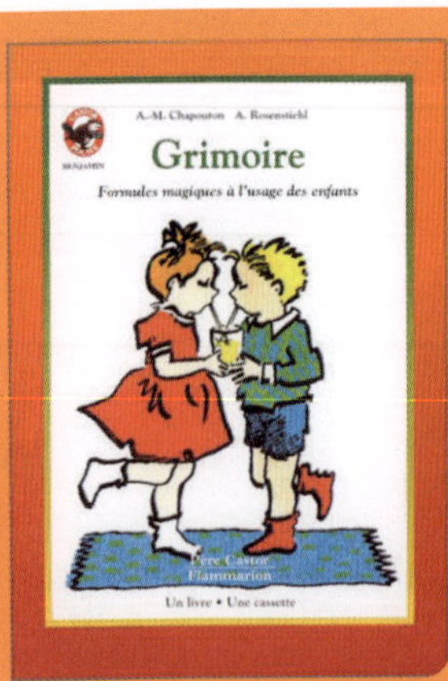

Thème : La recette, la magie.

Support : Extrait de *Grimoire*, Anne-Marie Chapouton, Flammarion, 1994.

Genre : Comptine.

Résumé : Une recette inventée est présentée de manière originale en respectant les caractéristiques du genre.

Éléments de compréhension à faire identifier :

- Faire identifier l'intention voulue en réalisant la recette afin de souligner son originalité.
- Faire remarquer les caractéristiques de la recette : les ingrédients, les étapes de la préparation, la formule magique.
- Faire remarquer l'humour du texte par le titre, la précision du minutage, et le comique de situation en servant la tisane aux parents énervés.

Textes ressources du module :

– « Tisane pour parents énervés », extrait de *Grimoire*, Anne-Marie Chapouton.

– « La belle soupe », extrait de *Ah ! Les bonnes soupes*, Claude Boujon.

En complément (ressources à télécharger) :

– une fiche « compréhension » du texte ressource du défi.

Les incontournables du défi :

– Les caractéristiques d'une recette

– Cohérence entre les ingrédients, la préparation et la formule magique

Enrichissements d'écriture travaillés :

– Le futur

– Les connecteurs, marqueurs de but, de cause et de conséquence

– La suppression des répétitions

– L'originalité d'une chute de rupture

Formulation du défi pour l'élève :

DÉFI « La recette d'une potion magique »

Consigne :

À l'aide du texte source *Tisane pour parents énervés*, écris un texte qui présentera une recette pour réaliser une potion originale nécessitant de prononcer une formule magique.

Contraintes et attendus :

– Produire au moins 6 lignes (CE1) ou 10 lignes (CE2).

– Seront valorisés les textes :

- qui présenteront une recette pour réaliser une potion originale,
- qui présenteront les caractéristiques d'une recette (ingrédients, étapes de préparation),
- qui contiendront une sorte de formule magique,
- qui susciteront l'émotion du lecteur.

Texte ressource

Tisane pour parents énervés

Il faut :
– Un demi-verre d'eau sucrée.
– Un petit pois de miel.
– Un pétale de fleur (rose si possible).
– Un clou de girofle.
– Un brin de thym.
Faire bouillir 11 secondes.
Couvrir 2 minutes 43 secondes.
Passer dans une passoire.
Servir au papa ou à la maman énervés en leur disant :
« Maminette, maminotte,
sois doucette, doucelotte
maminette, maminotte,
aime-moi, maintenant ! »
« Papi papotte
sois doucelot doucelis
Papi papotte, aime-moi maintenant ! »

Grimoire, Anne-Marie Chapouton, Flammarion, 1994.

Nom : .... Date : ....

1★ Caractériser le genre et la structure

La structure du genre

Analyse le texte en coloriant :
- en **rouge**, les ingrédients,
- en **vert**, les étapes de la préparation,
- en **bleu**, la formule magique.

Entoure les verbes des étapes de la préparation.

Coche les affirmations qui sont vraies :

☐ Ces verbes sont tous à l'infinitif.

☐ Ces verbes sont tous au passé.

☐ Ces verbes sont tous en début de phrase.

Tisane pour parents énervés

Il faut :

– Un demi-verre d'eau sucrée.

– Un petit pois de miel.

– Un pétale de fleur (rose si possible).

– Un clou de girofle.

– Un brin de thym.

Faire bouillir 11 secondes.

Couvrir 2 minutes 43 secondes.

Passer dans une passoire.

Servir au papa ou à la maman énervés
en leur disant :

« Maminette, maminotte,

sois doucette, doucelotte

maminette, maminotte,

aime-moi, maintenant ! »

« Papi papotte

sois doucelot doucelis

Papi papotte, aime-moi maintenant ! »

Grimoire, Anne-Marie Chapouton, Flammarion, 1994.

Nom : .... Date : ....

1 Caractériser le genre et la structure

La structure du genre

Analyse le texte en complétant le tableau :
- en **rouge**, les ingrédients qu'elle pourrait utiliser ou qu'elle va utiliser,
- en **vert**, les étapes de la préparation,
- en **bleu**, la formule magique,
- en **orange**, le résultat attendu par la réalisation de la recette.

La belle soupe

Quand la sorcière Ratatouille se compara à la photo du magazine, elle se trouva moche.

« Je vais me transformer », décida-t-elle.

« Grâce à mes recettes magiques, je deviendrai plus belle que cette fille de papier. »

Elle relut tous les recueils de cuisine pour découvrir la préparation nécessaire à son projet. Elle ne trouva rien.

« Il n'y a que des mixtures pour changer des princesses en cornichons ou en crapauds », constata-t-elle.

Elle décida donc de créer sa propre recette.

Elle fit l'inventaire de ses étagères. Des poissons subtils, des poussières d'étoiles, des végétaux étranges, des confitures bizarres, des crottes diverses, des insectes, des vers et autres animaux connus ou inconnus étaient en place, prêts à servir.

Sur le fourneau à gaz, dans une casserole, elle mit des pois, des haricots, quelques gouttes de ci, des morceaux de ça.

Puis elle déclama en surveillant la cuisson :

« Fais mitonner petite casserole,
Cette soupe, ce potage, ce mélange,
Et que le diable en rigole,
Ça me donnera le visage d'un ange. » [...]

Quand tout fut cuit et servi, [...] elle se saisit d'une grande cuillère, [...] ouvrit une énorme bouche et... s'arrêta tout net.

« Et si je m'étais trompée », se dit-elle, et si je m'empoisonnais ? »

Ah ! Les bonnes soupes, Claude Boujon, L'École des loisirs, 1994.

Réalise le même travail sur le texte de référence « Tisane pour parents énervés ».

2★ Premiers essais d'écriture

1 Des thèmes

Aide-toi de ces thèmes de recette pour choisir la tienne.

Tisane pour parents énervés	**Préparation** pour petit frère agaçant
Potion pour être le plus beau	**Bouillon** pour ne pas être puni
Élixir pour réussir sa dictée	**Infusion** pour vieillir plus vite
Mixture pour se rendre invisible	**Décoction** pour changer le temps

Écris le thème ou le titre de ta recette :

....

2 Des verbes

Récris ces phrases issues d'une recette en utilisant des verbes pris dans la liste ou ceux ton choix.

Des verbes pour les étapes d'une recette

Ajouter	Étaler	Malaxer	Arroser de jus
Battre	Goûter	Mélanger	Passer dans une passoire
Couvrir	Ramollir	Piler	Porter à ébullition
Cuire	Râper	Écraser	Surveiller la cuisson
Démouler	Saupoudrer	Verser	Laisser refroidir
Enfourner	Égoutter	Broyer	Laisser reposer
Éplucher			Faire bouillir
			Faire fondre
			Abaisser la pâte

Mettre tous les ingrédients dans un bol.

....

Ajouter le miel à ce mélange.

....

Faire frémir l'ail et le gingembre.

....

3 Le premier jet

Commence à écrire ton propre texte au dos de cette feuille ou sur un cahier.

4 Point d'étape

Finalement, quel est le titre de ta recette ?

....

Dans ton texte, as-tu utilisé quelques verbes de recettes ? ☐ OUI ☐ NON

2 Premiers essais d'écriture

1 Les types de recette

Coche le type de recette que tu proposeras dans ton texte.

☐ une tisane	☐ un élixir	☐ un bouillon	☐ une infusion
☐ une potion	☐ une mixture	☐ un philtre	☐ une décoction

2 Des verbes conjugués ou à l'infinitif

Colorie les verbes à la forme que tu souhaites. Attention, une fois le premier verbe colorié, tu dois choisir la même forme : infinitif, passé simple ou impératif.

Premièrement, [choisir / elle choisit / choisissez] soigneusement les ingrédients.

infinitif
passé simple
impératif

Ensuite, [couper / elle coupa / coupez] le tout en petits morceaux, puis [mélanger / elle mélangea / mélangez] vigoureusement.

Enfin, [cuire / elle cuisit / cuisez] le tout dans une casserole, puis [servir / elle servit / servez] immédiatement.

3 La production d'un élève

Surligne des mots et des expressions qui te semblent utiles pour ton propre texte.

Potion pour ne plus être puni *(texte composé par Najma)*

J'avais encore une punition.

Je n'avais pas vraiment fait exprès de manger des bonbons en classe.

Heureusement, j'ai découvert que pour ne plus être punie, il fallait :

- un cheveu d'une maîtresse
- des épinards mixés
- 56 g de cannelle
- du sucre (pour adoucir)

Tout d'abord, j'ai mis les épinards mixés dans un bol.

Puis, j'ai saupoudré la cannelle sur les épinards.

Ensuite, j'ai fait chauffer le tout.

J'ai fini par ajouter le cheveu de maîtresse.

Enfin j'ai prononcé la formule magique :

« Abracadabra je ne suis plus punie ! »

J'ai tout bu !

J'ai vomi, je suis malade...

mais je ne suis plus punie !

4 Le premier jet

Commence à écrire ton propre texte au dos de cette feuille ou sur un cahier.

5 Point d'étape

Finalement, quel est le titre de ta recette ?

....

Dans ton texte, as-tu harmonisé le temps des verbes ? ☐ OUI ☐ NON

Nom : .... Date : ....

3★ Les outils pour mieux écrire ton texte

1 Des petits mots importants

Lis le texte « La décoction pour vieillir » écrit par une élève.

La décoction pour vieillir *(texte composé par Lou)*

Ingrédients :

- un poil de mère ou de père
- quelques grammes de chocolat
- un brin de poivre
- un demi-verre de lait
- un trait de miel

Préparation :

Dans un saladier, verser **tout d'abord** le lait,
puis rapidement un trait de miel.
Mélanger vigoureusement, puis doucement.
Broyer totalement le chocolat
avant de le saupoudrer généreusement sur le mélange.
Enfin, ajouter délicatement le poil et poivrer.
Finir en prononçant la formule :
« Vieillir vieille, je te transforme en mamie. »

À quoi servent les mots en gras ?

☐ Ils marquent les étapes successives de la préparation.
☐ Ils sont là pour faire de plus belles phrases.

À quoi servent les mots soulignés ?

☐ Ils sont indispensables aux phrases, on ne peut pas les supprimer.
☐ Ils sont là pour apporter des détails importants qui enrichissent les phrases.

2 Les connecteurs

Lis ces phrases en utilisant à chaque fois l'un des 3 mots proposés.

Tout d'abord, / Premièrement, / Avant tout, → choisir soigneusement les ingrédients.

Puis, / Ensuite, / Après, → couper le tout en petits morceaux, → après / puis / ensuite → mélanger vigoureusement.

Finalement / Enfin, / Pour terminer, → cuire le tout dans une casserole et servir immédiatement.

3 La production de ton texte

Écris ton texte au dos de cette feuille ou sur un cahier en utilisant certains de ces outils.

4 Point d'étape

As-tu été attentif à utiliser des mots qui marquent les étapes ? ☐ OUI ☐ NON

Nom : .... Date : ....

3 Les outils pour mieux écrire ton texte

1 Le vocabulaire des quantités et contenants

Pioche éventuellement dans ces listes pour enrichir ton texte.

Petites quantités	Petits contenants	Grands contenants
un petit peu de	une cuillère à café de	un saladier
un trait de	une cuillère à soupe de	une cocotte
un brin de	une louche de	un chaudron
un soupçon de	un bol de	une barrique
une pincée de	un verre de	une cuve
une goutte de	un dé à coudre de	une bassine
une larme de	une poignée de	un tonneau

2 Les adverbes

Lis ce texte réalisé par une élève qui contient des adverbes enrichissant son écrit.
À ton tour, remplace ou ajoute des adverbes pour enrichir ton texte.

La décoction pour vieillir *(texte composé par Lou)*

Ingrédients :

- un poil de mère ou de père
- quelques grammes de chocolat
- un brin de poivre
- un demi-verre de lait
- un trait de miel

Préparation :

Dans un saladier, verser tout d'abord le lait,
puis un trait de miel.
Mélanger **vigoureusement**, puis **doucement**.
Broyer **totalement** le chocolat
avant de le saupoudrer **rapidement** sur le mélange.
Enfin, ajouter **délicatement** le poil et poivrer.
Finir en prononçant la formule :
« Vieillir vieille, je te transforme en mamie »

Intensité		Rythme	Précision
vigoureusement	doucement	rapidement	soigneusement
énergiquement	délicatement	lentement	méticuleusement
généreusement	légèrement	tranquillement	précisément
fermement	finement	peu à peu	scupuleusement

3 La production de ton texte

Écris ton texte au dos de cette feuille ou sur un cahier pour répondre aux critères du défi et en utilisant certains de ces outils.

4 Point d'étape

As-tu été attentif à utiliser des mots qui ont enrichi ton texte ? ☐ OUI ☐ NON

Nom : .... Date : ....

4★ Relire et enrichir ton texte

1 La formule magique

Voici des exemples de formulettes trouvées dans des comptines et des contes.
Si besoin, enrichis celle de ta recette.

Vazimoli Vazimolo	Moulino Moulinette	Et pim pam poum et tratata poum
Youpi Youpi ya !	Aïe aïe aïe Ouille ouille ouille	Y en a ti ? Y en a pas ?
Turlututu n'en parlons plus	Méli mélo Cherchi chercha	Chipoti chipota et voilà
Cric crac Crac crac	Ridikulus Fortisssimus	Crabadaboum
A-va-ma-ra-ja !	Kiki carabi !	Abracadabra !

2 La grille de réussite

En relisant le texte que tu as produit, coche les cases de la grille de réussite.
Si nécessaire, enrichis ton texte.

CE QUI ÉTAIT ATTENDU :

La recette	les ingrédients d'une recette	☐ OUI ☐ NON
	les étapes de préparation d'une recette	☐ OUI ☐ NON
	une formule magique	☐ OUI ☐ NON
Les petits mots qui relient	Tu as utilisé **différents petits mots qui relient** : premièrement, ensuite, puis, enfin…	☐ OUI ☐ NON
	Écris ici les petits mots que tu as utilisés :	
Des verbes	Tu as utilisé **des verbes précis.**	☐ OUI ☐ NON
	Vérifie que tu as bien harmonisé le temps des verbes. Écris ici des exemples qui le prouvent :	
La demande de la maîtresse ou du maître	....	
À la fin	Tu as relu pour corriger l'orthographe.	☐ OUI ☐ NON
	Tu as fait attention au soin et à ton écriture.	☐ OUI ☐ NON
Lecture	Tu as fait lire ta production à un camarade.	☐ OUI ☐ NON
	Tu as lu la production d'un camarade.	☐ OUI ☐ NON

Nom : .... Date : ....

4 Relire et enrichir ton texte

1 Un élément original

Lis ces différentes chutes possibles d'un même texte.
À ton tour, ajoute un élément original dans la chute de ton texte.

Buvez vite le mélange.
Aïe ! Aïe ! Un gros mal de dos !

Prenez-en une cuillère.
Oh ! mais si vous vous empoisonniez ?

Buvez le mélange.
Rien ne se passe ? Alors vous pouvez recommencer sans risque.

2 La grille de réussite

En relisant le texte que tu as produit, coche les cases de la grille critériée.
Si nécessaire, améliore ton texte.

CE QUI ÉTAIT ATTENDU :

Une recette	Tu as utilisé **la structure d'une recette.**	☐ OUI ☐ NON
Les petits mots qui relient	Tu as utilisé **différents petits mots qui relient** : premièrement, puis, ensuite, enfin...	☐ OUI ☐ NON
La cohérence	Tu as utilisé et maintenu une seule **forme verbale** (infinitif, impératif, etc.)	☐ OUI ☐ NON
Des adverbes	Tu as enrichi ton texte avec des adverbes.	☐ OUI ☐ NON
Un élément original	Tu as conclu avec un élément original.	☐ OUI ☐ NON
	Quelle émotion penses-tu que cette conclusion va produire ? ☐ de l'étonnement ☐ de l'amusement ☐ de l'émotion ☐ de la joie	
La demande de la maîtresse ou du maître	....	
À la fin	Tu as relu pour corriger l'orthographe.	☐ OUI ☐ NON
	Tu as fait attention au soin et à ton écriture.	☐ OUI ☐ NON
Lecture	Tu as fait lire ta production à un camarade.	☐ OUI ☐ NON
	Tu as lu la production d'un camarade.	☐ OUI ☐ NON
	Quand tu te relis, quel passage de ta production préfères-tu ?	
Satisfaction	Qu'est-ce qui à ton avis est le plus réussi dans ta production ?	

Défi « Quand je serai grand... »

Thème : Le futur.

Support : *Quand je serai grand*, Fossette Danièle, Gautier-Languereau, 2006.

Genre : Album, textes poétiques.

Résumé : Chaque texte reflète le rêve d'un enfant qui pense à ce qu'il fera quand il sera grand dans une optique enfantine, démesurée et extravagante.

Éléments de compréhension à faire identifier :

- Faire identifier l'utilisation du futur dans les deux premiers paragraphes et du présent dans le dernier paragraphe.
- Expliquer que le futur traduit le rêve d'un enfant qui se projette et que le présent traduit un retour à la réalité présente.
- Souligner le caractère extravagant et démesuré du rêve et le sérieux du retour à la réalité qui relativise le rêve.

Textes ressources du module :

– « Quand je serai grand », texte extrait de *Quand je serai grand...*, Danièle Fossette.

– « Moi quand je serai grand », texte extrait de *Et moi, quand je serai grand*, Astrid Desbordes.

En complément (ressource à télécharger) :

– Une fiche « compréhension » du texte ressource du défi.

Les incontournables du défi :

– Un texte rédigé au futur

– Une originalité par la projection d'un rêve

Enrichissements d'écriture travaillés :

– L'usage de connecteurs

– Des adverbes et des adjectifs pour enrichir

– La cohérence temporelle, ici le futur

– L'usage de ponctuation et de connecteurs face aux répétitions

– Chercher à susciter des émotions chez le lecteur

Formulation du défi pour l'élève :

DÉFI « Quand je serai grand... »

Consigne :

À ton tour d'écrire un texte racontant ce qu'un personnage pourrait rêver d'être ou faire quand il sera grand.

Contraintes et attendus :

– Produire un texte d'au moins 6 lignes (CE1) ou 10 lignes (CE2).

– Seront valorisés les textes :

- qui présenteront ce rêve de devenir un personnage,
- qui seront rédigés au futur,
- qui comporteront des éléments originaux.

Texte ressource

Quand je serai grand

Moi, quand je serai grand,
je serai roi.
Je régnerai sur la pluie et le beau temps,
et ce sera toujours le printemps.

Je serai aussi roi du calendrier
et c'est moi qui déciderai
des jours d'école, des jours de vacances
et des jours où on a de la chance.

Ce sera Noël trois fois par an,
et mon anniversaire très souvent.
J'inventerai la fête des gourmands
et celle des bisous
pour en avoir beaucoup.

Oui mais...
comme je suis encore petit,
je suis le roi des bêtises
juste pour faire rire
ma cousine Louise.

Moi, quand je serai grand,
je serai dompteur.
Je dompterai les monstres
des cauchemars,
ils auront peur de moi
et marcheront au pas,
ils gémiront dans le noir,
ils seront tout tremblants,
ils claqueront des dents,
ils seront ridicules,
éclateront comme des bulles,
ils promettront d'être gentils,
ils demanderont pardon
d'effrayer les petits garçons.

Oui mais...
comme je suis encore petit,
mon petit ours bleu
qui ne ferme jamais les yeux
me garde toutes les nuits.

Quand je serai grand, Danièle Fossette, © Gautier-Languereau, 2006.

Nom : .... Date : ....

1★ Caractériser le genre et la structure

La structure du genre

Analyse le texte en coloriant :

- en **bleu** tous les mots « quand »,
- en **rouge**, tous les mots « serai »,
- en **vert**, tous les mots « moi ».

Quel est le temps de la majorité des verbes ?

☐ présent ☐ passé ☐ futur

Moi quand je serai grand...

– Moi, quand je serai grand, dit Max, je serai un grand pâtissier. Je ferai des gâteaux célèbres dans le monde entier. Et toi ? demande Max.

– Hum… moi, réfléchit papa, quand je serai encore plus grand je serai champion de vélo, j'irai très loin, et même sans les mains.

– Bravo ! dit Max.

Moi, je serai… Chef indien, le plus rusé et le plus malin. [...]

– Ah oui ! dit papa.

Moi, je partirai plutôt en bateau. Je ferai le tour du monde et j'irai saluer les manchots.

– Et tu ne seras jamais fatigué ? demande Max.

– Hum, peut-être que si, reconnaît papa.

Alors, quand j'en aurai un peu assez, je ferai ce qui me rend vraiment heureux… Te serrer dans mes bras et continuer à être ton papa.

Et moi quand je serai grand, Astrid Desbordes, © Nathan, 2019.

DE TEMPS ? Réalise le même travail sur le texte de référence « Quand je serai grand ».

Nom : .... Date : ....

1 Caractériser le genre et la structure

La structure du genre

Analyse le texte en coloriant :
- en **bleu** tous les mots « quand »,
- en **rouge**, tous les verbes au futur dont les terminaisons sont « ai » ou « as »,
- en **vert**, tous les mots « moi ».

Observe les dernières lignes du texte qui correspondent à la chute.

Le texte se termine par un élément qui a un lien avec le présent. Quel est cet élément ?

....

Moi quand je serai grand…

Moi, quand je serai grand, dit Max, je serai un grand pâtissier.
Je ferai des gâteaux célèbres dans le monde entier.
– Et toi ? demande Max.
– Hum… moi, réfléchit papa, quand je serai encore plus grand…
… je serai champion de vélo, j'irai très loin, et même sans les mains.
– Bravo ! dit Max.
Moi, je serai… Chef indien, le plus rusé et le plus malin.
– Ah oui ! dit papa.
Mais tu seras prudent, n'est-ce pas ?
Moi, je partirai plutôt…
… en bateau. Je ferai le tour du monde et j'irai saluer les manchots.
– Je serai grand magicien célèbre à Monaco et même à Pékin.
– Je viendrai te voir, dit Max. Et puis après… je prendrai mon vaisseau. Direction la Lune, Jupiter et Neptune.
– Oh oui ! dit papa, bonne idée ! Moi aussi, je serai pilote ! Pilote d'avion à réaction.
– Et tu ne seras jamais fatigué ? demande Max.
– Hum, peut-être que si, reconnaît papa.
Alors, quand j'en aurai un peu assez, je ferai ce qui me rend vraiment heureux…
… te serrer dans mes bras et continuer à être ton papa.

Et moi quand je serai grand, Astrid Desbordes, © Nathan, 2019.

Réalise le même travail sur le texte de référence « Quand je serai grand ».

Nom : .... Date : ....

2★ Premiers essais d'écriture

1 Des phrases en « Quand je serai… »

Suis le chemin de ton choix avec ton doigt pour choisir ce que ton personnage fera quand il sera plus grand. À ton tour, sur les lignes pointillées, écris deux métamorphoses pour deux personnages de ton choix.

Quand
- je serai grande, je serai
- Lilou sera grande, elle sera
- je serai grand, je ferai
- Max sera grand, il fera

- magicienne de la montagne claire.
- championne de haute voltige.
- des sauts qui dépassent les immeubles.
- de longs voyages dans l'espace.

Quand je serai ....
je ....

Quand ....
....

2 Les terminaisons du futur

Observe puis complète les terminaisons de ces verbes au futur.
Si besoin, vérifie dans le texte de référence « Quand je serai grand ».

Futur

1re personne du singulier : je ser**ai**			
j'inventer..........	je dompter.........	je régner..........	c'est moi qui décider........
3e personne du singulier : il ser**a**			
ce ser.......... le printemps		ce ser........ Noël	
3e personne du pluriel : ils ser**ont**			
ils aur........	ils marcher...........	ils gémir.............	ils claquer.............

3 Le premier jet

Commence à écrire ton propre texte sur le thème « Quand je serai », au dos de cette feuille ou sur un cahier.

4 Point d'étape

Ton texte est-il bien au futur ? ☐ OUI ☐ NON

As-tu bien vérifié la terminaison des verbes au futur ? ☐ OUI ☐ NON

Nom : .... Date : ....

2 Premiers essais d'écriture

1 Les verbes au futur

Pour chaque personnage, barre le verbe qui n'est pas conjugué au futur.
Puis complète ces phrases au futur avec les mots de ton choix.

une sorcière	un grand cuisinier	un coquin	des aventuriers
Je pointerai	j'inventerai	il fera des bêtises	ils voleront
Je transformerai	je ferai déguster	il chatouillera	ils navigueront
Je préparerai	je savourerai	il se cache	ils exploreront
J'endormirai	je mélange	il bousculera	ils escaladeront
J'effraierai	je préparerai	il mentira	ils ont visité
Je métamorphosais	j'offrirai	il osera	ils chasseront

Quand je .... grand, je ....

À l'avenir, je .... Dorénavant, je ....

Quand, il .... grand, il ....

Comme adulte, elle ....

L'année prochaine, je ....

2 La production d'un élève

Surligne des mots et des expressions qui te semblent utiles pour ton propre texte.

Le chasseur d'étoiles *(extrait du texte composé par Alban)*

Quand je serai grand, je serai chasseur d'étoiles.
Je prendrai mes jumelles pour observer le ciel.
Je monterai tout en haut des grandes maisons afin d'admirer les constellations.
Je dormirai le jour parce que toutes les nuits je surveillerai l'étoile Polaire.
Je chasserai les étoiles filantes, ainsi je collectionnerai les plus brillantes.
Oui mais…
Comme je suis encore petit,
je chasse surtout les bonbons avec ma bonne étoile qui est ma petite sœur !

3 Le premier jet

Commence à écrire ton propre texte sur le thème « Quand je serai », au dos de cette feuille ou sur un cahier.

4 Point d'étape

Ton texte est-il bien au futur ? ☐ OUI ☐ NON

As-tu bien vérifié la terminaison des verbes au futur ? ☐ OUI ☐ NON

Nom : .... Date : ....

3★ Les outils pour mieux écrire ton texte

1 Des connecteurs pour enrichir

Observe les connecteurs soulignés qui indiquent pourquoi le personnage veut faire telle ou telle action.
À ton tour, écris trois phrases en utilisant les connecteurs de ton choix.

Le chasseur d'étoiles *(extrait du texte composé par Alban)*

Quand je serai grand, je serai chasseur d'étoiles.
Je prendrai mes jumelles pour observer le ciel.
Je monterai tout en haut des grandes maisons afin d'admirer les constellations.
Je dormirai le jour parce que toutes les nuits je surveillerai l'étoile Polaire.
Je chasserai les étoiles filantes, ainsi je collectionnerai les plus brillantes.

But		Cause		Conséquence	
pour pour que afin de afin que	de façon à ce que de sorte que en vue de	car parce que puisque en effet	ainsi c'est pourquoi vu que	donc si bien que ainsi	de sorte que en vue de dès lors

Je ....

Je ....

Je ....

2 La cohérence des temps

Colorie le temps au futur qui convient.
À ton tour, vérifie dans ton texte que tu as correctement conjugué tes verbes au présent.

Je raconterai des blagues et [je ferai / je suis en train de faire] rire les gens.

Je collectionnerai des tas de billes, mais [je chercherai / j'ai cherché] aussi des cartes.

Je planterai des réglisses, mais surtout [je faisais / je ferai] germer des caramels !

Je serai roi du calendrier [et c'est moi qui déciderai / et c'est moi qui décide] des jours d'école.

3 La production de ton texte

Écris ton texte au dos de cette feuille ou sur un cahier pour répondre aux critères du défi et en utilisant certains de ces outils.

4 Point d'étape

As-tu ajouté des petits mots qui enrichissent ? ☐ OUI ☐ NON

As-tu été attentif au futur dans ton texte ? ☐ OUI ☐ NON

Nom : .... Date : ....

3 Les outils pour mieux écrire ton texte

1 La chute du texte

Observe ce texte produit par une élève. Choisis l'une des 3 chutes proposées.

La gourmande-sur-glace *(texte composé par Laura)*

Quand je serai grande, je serai une gourmande-sur-glace.
Je patinerai sur de la glace à la framboise, mais aussi au chocolat.
Je tomberai sur de la glace à la vanille pour la déguster.
Je toucherai la succulente glace à la fraise afin de la savourer tranquillement.
Je me roulerai dans toutes les crèmes glacées puisque je raffole des glaces !

chute 1	**Oui mais**, comme je suis petite, je n'ai pas trop le droit de manger des glaces… Heureusement, je peux les regarder avec gourmandise !
chute 2	**Oui mais**, un jour j'aurai mal au ventre. Alors, je ferai plutôt ce qui me rend vraiment heureuse : faire plein de gros câlins à mon doudou !
chute 3	**Oui mais**, ce que je préfère plus que tout, c'est jouer avec mes super copines !

À ton tour, écris une chute possible à ton texte en utilisant la structure « Oui mais ».

2 Les phrases enrichies

Lis ces phrases qui ont été enrichies par des adjectifs et des adverbes.

Quand je serai grande, je serai une gourmande-sur-glace.
Quand je serai **un peu plus** grande, je serai une gourmande-sur-glace.

Je tomberai sur de la glace à la vanille pour la déguster.
Je tomberai sur de la **délicieuse** glace à la vanille pour la déguster
Je tomberai sur de la délicieuse glace à la vanille pour la déguster **patiemment**.

Je me roulerai dans toutes les crèmes glacées puisque je raffole des glaces !
Je me roulerai dans les crèmes glacées **savoureuses** puisque je raffole des **bonnes** glaces !
Je me roulerai dans les crèmes glacées **si** savoureuses puisque je raffole des **très** bonnes glaces !

À ton tour, choisis des phrases de ton texte et enrichis les groupes de mots.

3 La production de ton texte

Écris ton texte au dos de cette feuille ou sur un cahier pour répondre aux critères du défi et en utilisant certains de ces outils.

4 Point d'étape

Ton texte a-t-il une chute ? ☐ OUI ☐ NON

As-tu ajouté des mots qui enrichissent ? ☐ OUI ☐ NON

Nom : .... Date : ....

4★ Relire et enrichir ton texte

1 La chute du texte

Observe la rupture dans ces textes à partir de la structure « Oui mais ».
À ton tour, tâche d'introduire ce type de rupture.

Moi, quand je serai grand,
je serai roi.
Oui mais, comme je suis encore petit,
je suis le roi des bêtises.

Quand je serai grande,
je serai une gourmande-sur-glace.
Oui mais, comme je suis petite,
je n'ai pas trop le droit de manger des glaces...

2 La grille de réussite

En relisant le texte que tu as produit, coche les cases de la grille de réussite.
Si nécessaire, enrichis ton texte.

CE QUI ÉTAIT ATTENDU :

Un avenir	Tu as choisi ce que devenait ton personnage.	☐ OUI ☐ NON
	Écris ici ce que devient ton personnage quand il sera grand :	
Les petits mots	Tu as utilisé différents connecteurs : pour, afin que, etc.	☐ OUI ☐ NON
	Écris ici les petits mots que tu as utilisés :	
La cohérence	Tu as écrit ton texte au futur majoritairement.	☐ OUI ☐ NON
	Écris ici les verbes au futur de ton texte :	
Les adverbes et les adjectifs	Tu as ajouté des mots pour enrichir ton texte.	☐ OUI ☐ NON
	Écris les mots utilisés :	
À la fin	Tu as relu pour corriger l'orthographe.	☐ OUI ☐ NON
	Tu as fait attention au soin et à ton écriture.	☐ OUI ☐ NON
Lecture	Tu as fait lire ta production à un camarade.	☐ OUI ☐ NON
	Tu as lu la production d'un camarade.	☐ OUI ☐ NON

4 Relire et enrichir ton texte

1 Les répétitions

Lis ce texte dont les répétitions ont été remplacées. À ton tour, relis ton texte et remplace certains mots répétés par exemple par une virgule ou un connecteur.

Je voyagerai au Japon **et** en Australie **et** au Mexique.

Je voyagerai au Japon**,** en Australie **et même** au Mexique.

Je ramasserai des cailloux bleus, et verts, **et** roses.

Je ramasserai des cailloux bleus**,** verts **mais aussi** roses.

Je préparerai des gâteaux avec du chocolat **et** de la crème et des cerises.

Je préparerai des gâteaux avec du chocolat**,** puis de la crème et **enfin** des cerises.

2 Des rimes

Lis ces phrases et ajoute des rimes comme dans l'exemple.
Puis compare avec le « texte ressource » dont sont issues ces phrases.
Si tu le souhaites, tu peux ajouter à ton tour des rimes dans ton texte.

Je régnerai sur la pluie et le beau temps,
et ce sera toujours ....
Je serai aussi roi du calendrier
et c'est moi qui ....
des jours d'école, des jours de vacances
et des jours où on a ....

Ce sera Noël trois fois par an,
et mon anniversaire très ....
J'inventerai la fête des bisous
pour en avoir ....
Ils demanderont pardon
d'effrayer ....

3 La grille de réussite

En relisant le texte que tu as produit, coche les cases de la grille critériée.
Si nécessaire, améliore ton texte.

CE QUI ÉTAIT ATTENDU :

Un avenir	Tu as choisi ce que devenait ton personnage.	☐ OUI ☐ NON
La ponctuation et les connecteurs	Tu as ajouté une ponctuation pour éviter des répétitions.	☐ OUI ☐ NON
Un élément original	Tu as trouvé un élément assez original pour conclure ton texte.	☐ OUI ☐ NON
À la fin	Tu as relu pour corriger l'orthographe.	☐ OUI ☐ NON
	Tu as fait attention au soin et à ton écriture.	☐ OUI ☐ NON
Lecture	Tu as fait lire ta production à un camarade.	☐ OUI ☐ NON
	Tu as lu la production d'un camarade.	☐ OUI ☐ NON
	Quand tu te relis, quel passage de ta production préfères-tu ?	

Défi « Théâtre et liaisons » : théâtre et jeux de mots

Thème : Théâtre, dialogue comique.

Support : « Les liaisons malheureuses », in *Pièces drôles pour les enfants*, Michel Coulareau, Retz, 2015.

Genre : Théâtre.

Résumé : La maîtresse essaie de faire comprendre à son élève, Frédéric, qu'il fait des erreurs lorsqu'il prononce les liaisons entre les mots.

Éléments de compréhension à faire identifier :

- Faire identifier les caractéristiques d'un texte de théâtre : écriture en capitale des noms des personnages, présence de didascalies.
- Expliquer le rôle de la maîtresse qui essaie de faire comprendre à Frédéric qu'il prononce mal les liaisons en soulignant les différentes liaisons.
- Souligner l'humour reposant sur les jeux de mots issus des liaisons mal prononcées.
- Faire remarquer l'originalité de la chute, à savoir que Frédéric ne comprend pas et liste la synthèse des liaisons mal prononcées sans savoir laquelle prononcer.

Textes ressources du module :

– « Les liaisons », texte extrait des *Liaisons malheureuses*, Michel Coulareau.

– « Les œufs brouillés », texte intégral des *Œufs brouillés*, Anonymes.

En complément (ressources à télécharger) :

– Une fiche « compréhension » du texte ressource du défi.

Les incontournables du défi :

– Présence d'un dialogue de théâtre entre, au moins, deux personnages

– Un mot à partir duquel des liaisons mal prononcées sont utilisées

– Des jeux de mots provoquant des émotions

– Une chute qui permet de conclure le dialogue, notamment de manière originale

Enrichissements d'écriture travaillés :

– Le théâtre

– Les didascalies

– Les registres de langue

– Les liaisons

– Les déterminants

– Les adjectifs et les adverbes

Formulation du défi pour l'élève :

DÉFI « Théâtre et liaisons »

Consigne :

À l'aide du texte source *Les liaisons malheureuses*, écris un court dialogue de théâtre mettant en scène au moins deux personnages, l'un d'eux employant un mot incorrect suite à une liaison entendue ou lue.

Contraintes et attendus :

– Produire un dialogue d'au moins 6 lignes (CE1) ou 10 lignes (CE2).

– Seront valorisés les textes :

- qui présenteront l'usage d'au moins un mot répété et transformé par les liaisons,
- qui se termineront sur une chute originale.

Texte ressource

Les liaisons malheureuses

LA MAÎTRESSE : – Mes enfants, je vais, maintenant, vous interroger sur la leçon de conjugaison… Veuillez prendre vos ardoises, s'il vous plaît.

FRÉDÉRIC, *penaud* : Maîtresse…

LA MAÎTRESSE : Oui ? Qu'y a-t-il, Frédéric ? »

FRÉDÉRIC : Je l'ai perdue, ma zardoise. […]

LA MAÎTRESSE, *choquée* : Mais enfin, Frédéric ! On ne dit pas « J'ai perdu ma *zardoise* » ! Ce n'est pas correct.

FRÉDÉRIC : Ben, c'est vous, maîtresse, qui avez dit : « Prenez vos ardoises ». Alors, moi, je répète « ma zardoise ». Forcément !

LA MAÎTRESSE : Frédéric ! J'ai bien dit « Prenez vos ardoises »…

FRÉDÉRIC : Ah ! Vous voyez bien !

LA MAÎTRESSE : Oui, mais toi, Frédéric, tu dois dire « mon ardoise » ! Tu comprends ?

FRÉDÉRIC, *en aparté* : Allons bon ! C'est bizarre, cette histoire !

LA MAÎTRESSE : Ainsi donc, Frédéric, tu as perdu ton ardoise ? C'est bien ça ? »

FRÉDÉRIC : Oui, maîtresse. J'ai perdu ma petite *nardoise* toute neuve.

LA MAÎTRESSE : Ah ! Non, Frédéric ! On ne dit pas « ma petite *nardoise* » ! Voyons ! On dit : « ma petite ardoise ».

FRÉDÉRIC, *excédé* : Bon ! Faudrait savoir, tout de même ! […] Alors, « *zardoise* », « *tardoise* », « *dardoise* » ! Faudrait vous décider, à la fin !

LA MAÎTRESSE : Mais enfin, Frédéric ! Réfléchis ! Pour faire une liaison entre deux mots, on utilise la dernière lettre du premier et la première du second. C'est pourtant simple, ça.

FRÉDÉRIC, *ahuri* : Ah bon ! ? Vous trouvez que c'est simple, vous ? « La dernière du premier plus la première du dernier » ? Eh ben, dis donc…

LA MAÎTRESSE : Mais oui, bien sûr ! Voilà pourquoi on dit : « mon ardoise, cette ardoise, nos ardoises, une grande ardoise, une belle ardoise », et ainsi de suite. Tu as compris, maintenant ?

FRÉDÉRIC, *évasif* : Oui, oui, je comprends… Je comprends surtout que ça change tout le temps, voilà ! »

« Les liaisons malheureuses », Michel Coulareau, in *Pièces drôles pour les enfants*, © Retz, 2015.

Nom : .... Date : ....

1★ Caractériser le genre et la structure

❶ La structure du genre : les bonnes liaisons

Relis le texte « Les liaisons malheureuses ». Puis fais les exercices.

Comme pour les modèles, écris la lettre de liaison qui réunit ces 2 mots prononcés ensemble.

vos (z) ardoises — mon (n) ardoise — ma petite ( ) ardoise — cette ( ) ardoise

nos ( ) ardoises — une grande ( ) ardoise — une belle ( ) ardoise

❷ La structure du genre : les erreurs de liaisons

Lis ce nouveau texte théâtral.

Les œufs brouillés

Une marchande vend des œufs. En remplissant la boîte, elle compte les œufs.

La cliente entend ça :

LA MARCHANDE

Je compte 1 neuf, 2 neuf...

LA CLIENTE INSTITUTRICE, *gênée*

Non... 2 œufs.

LA MARCHANDE

Bon... 1 neuf, 2 zeu, 3 zeu, 4 zeu...

LA CLIENTE INSTITUTRICE, *professorale*

Non ! 4 œufs.

LA MARCHANDE, *docile*

Bon... 1 neuf, 2 zeu, 3 zeu, 4 treu, 5 treu...

LA CLIENTE INSTITUTRICE, *excédée*

Non ! 5 œufs.

LA MARCHANDE, *patiente*

Bon... 1 neuf, 2 zeu, 3 zeu, 4 treu, 5 keu,
6 zeu, 7 zeu...

LA CLIENTE INSTITUTRICE, *atterrée*

Non ! 7 œufs.

LA MARCHANDE, *obéissante et scolaire*

Bon... 1 neuf, 2 zeu, 3 zeu, 4 treu,
5 keu, 6 zeu, 7 teu, 8 teu, 9 teu...

LA CLIENTE INSTITUTRICE, *en colère*

Non ! 9 œufs.

LA MARCHANDE, *appeurée*

Bon... 1 neuf, 2 zeu, 3 zeu, 4 treu,
5 keu, 6 zeu, 7 teu, 8 teu, 9 feu, 10 feu...

LA CLIENTE INSTITUTRICE, *autoritaire*

Non ! 10 œufs.

LA MARCHANDE, *un peu gênée*

Bon... vous ne voulez pas plutôt
des mandarines ?

Anonyme

Dans ces répliques, barre toutes les erreurs de liaison de la marchande.

Bon... 1 neuf, 2 zeu, 3 zeu, 4 zeu...

Bon... 1 neuf, 2 zeu, 3 zeu, 4 treu, 5 treu...

Bon... 1 neuf, 2 zeu, 3 zeu, 4 treu, 5 keu, 6 zeu, 7 teu, 8 teu, 9 feu, 10 feu...

Nom : .... Date : ....

1 Caractériser le genre et la structure

La structure du genre

Analyse les étapes en coloriant :

- en **rouge**, la didascalie,
- en **bleu**, le mot « ardoise » et le mot qui le précède, permettant d'effectuer une liaison,
- en **vert**, le mot « ardoise » transformé par les liaisons de Frédéric.

Dans les bulles, inscris le son qui doit être prononcé pour ne pas faire d'erreur de liaison.

LA MAÎTRESSE : Frédéric ! J'ai bien dit « Prenez vos ardoises »...

FRÉDÉRIC : Ah ! Vous voyez bien !

LA MAÎTRESSE : Oui, mais toi, Frédéric, tu dois dire « mon ardoise » ! Tu comprends ?
Ainsi donc, Frédéric, tu as perdu ton ardoise ? C'est bien ça ? »

FRÉDÉRIC : Oui, maîtresse. J'ai perdu ma petite *nardoise* toute neuve.

LA MAÎTRESSE : Ah ! Non, Frédéric ! On ne dit pas « ma petite *nardoise* » ! Voyons !
On dit : « ma petite ardoise ».

FRÉDÉRIC, *excédé* : Bon ! Faudrait savoir, tout de même ! [...] Alors, « *zardoise* », « *tardoise* », « *dardoise* » ! Faudrait vous décider, à la fin !

« Les liaisons malheureuses », Michel Coulareau, in *Pièces drôles pour les enfants*, © Retz, 2015.

Relie la prononciation erronée au mot qui convient à la liaison que Frédéric pourrait faire.

la grande ardoise •	zardoise
la petite ardoise •	dardoise
la merveilleuse ardoise •	lardoise
la belle ardoise •	kardoises
les cinq ardoises •	tardoise

DE TEMPS ? Découvre d'autres erreurs de liaison dans le texte de théâtre « Les œufs brouillés ».

2★ Premiers essais d'écriture

1 Les liaisons selon Frédéric et la maîtresse

Complète le tableau selon la manière dont s'expriment Frédéric et la maîtresse pour les mêmes groupes nominaux.

	Selon ce que comprend **Frédéric**		Selon ce que souhaite la **maîtresse**
Pour le mot **ami**	un nami	← →	....
	leur rami	← →	....
	notre trami	← →	....
	....	← →	des amis
	....	← →	cet ami
Pour le mot **avion**	Un petit tavion	← →	....
	Un gros zavion	← →	....
	Un magnifique kavion	← →	....
	....	← →	Un immense avion
	....	← →	Un superbe avion
Un mot de ton choix :	....	← →	....
	....	← →	....

2 Des liaisons et des déterminants

Souligne les couples de mots permettant d'effectuer les liaisons dans le texte de cet élève. Remarque que le deuxième mot, le nom, commence toujours par une voyelle.

Au zoo *(texte composé par Matthieu)*

LIAM – Maîtresse, c'est quoi ces oiseaux ?
LA MAÎTRESSE – Ce sont des albatros.
LIAM – Eh, les copains, regardez le zalbatros !
LA MAÎTRESSE – Mais non, on dit un albatros !
LIAM – Ah, d'accord. Les copains, regardez le nalbatros !
LA MAÎTRESSE – Mais enfin Liam, nous faisons la liaison.
Ça peut être un albatros, des albatros ou bien cet albatros.

3 D'autres « erreurs » de liaison

Lis la fin du texte de Matthieu pour bien comprendre la logique de ce défi d'écriture.
Entoure toutes les erreurs de liaison.

LIAM – Oh, c'est trop pour moi, un nalbatros, un zalbatros, des zalbatros, un talbatros et puis quoi encore ? Un balbatros ?
Allez les copains, on va voir les naligators !!

4 Le premier jet

Commence à écrire ton propre texte au dos de cette feuille ou sur un cahier.

Nom : .... Date : ....

2 Premiers essais d'écriture

1 Des liaisons avec des déterminants, puis des adjectifs

Lis chaque phrase en insistant sur la liaison entre le déterminant et le nom.
Puis lis chacune avec les liaisons unissant un adjectif et un nom.
À ton tour, cherche à ajouter des adjectifs dans ta production pour réaliser des liaisons.

LE CHEVALIER : J'admire votre objet en métal → trobjet

LE CHEVALIER : J'admire votre magnifique objet en métal → kobjet

LE CHEVALIER : J'admire votre superbe objet en métal → bobjet

LE TROUBADOUR : Écoutez mon histoire. → nistoire

LE TROUBADOUR : Écoutez cette charmante histoire. → tistoire

LE TROUBADOUR : Écoutez cette merveilleuse histoire. → zistoire

LE TROUBADOUR : Écoutez cette douce histoire. → sistoire

LE TROUBADOUR : Écoutez cette très belle histoire. → listoire

2 Une production

Surligne des mots et des expressions de ce texte produit par un élève
qui te semblent utiles pour le tien.

Au zoo *(texte composé par Matthieu)*

Au zoo, en sortie avec la classe, Liam voit plein d'alabatros
et demande à sa maîtresse :

LIAM – Maîtresse, c'est quoi ces oiseaux ?
LA MAÎTRESSE – Ce sont des albatros.
LIAM – Eh, les copains, regardez le *zalbatros* !
LA MAÎTRESSE – Mais on, on dit un albatros !
LIAM – Ah, d'accord. Les copains, regardez le *nalbatros* !
LA MAÎTRESSE – Mais enfin Liam, nous faisons la liaison.
Ça peut être un albatros, des albatros ou bien cet albatros.
LIAM – Oh, c'est trop pour moi, un nalbatros, un zalbatros,
des zalbatros, un talbatros et puis quoi encore ? Un balbatros ?
Allez les copains, on va voir les naligators !!

3 Le premier jet

Commence à écrire ton propre texte au dos de cette feuille ou sur un cahier.

4 Point d'étape

As-tu trouvé des liaisons avec des déterminants à mettre dans ton texte ? ☐ OUI ☐ NON

As-tu trouvé des liaisons avec des adjectifs à mettre dans ton texte ? ☐ OUI ☐ NON

3★ Les outils pour mieux écrire ton texte

1 Vocabulaire de liaisons : noms et déterminants

Comme pour les 4 exemples, trouve dans ta tête ou à l'aide de cette liste des couples de mots qui ont des liaisons entre eux. Écris-les.

un univers   cet arc-en-ciel   leur idée   des images

Noms

aigle	**é**léphant	**î**le	**o**bjet	**u**sine	**hi**stoire
aile	**é**lève	**im**meubles	**oi**e	**u**niforme	**ho**mme
ami	**en**fant	**i**nsecte	**oi**seau	**u**nivers	**hu**main
animal	**é**cran	**i**dée	**o**range	**U**lysse	**hé**licoptère
ara	**é**tagère	**i**diotie	**o**reilles		**hi**ver
araignée	**é**cole	**il**luminations	**ou**rs		**hi**ppopotame
arbre	**e**rreur	**i**gloo	**om**bre		
armoire	**é**toile	**i**mpala	**o**vni		
assiette	**e**xtraterrestre		**o**gre		

....

....

....

2 Les pyramides de mots : adjectifs et petits mots

Lis ces phrases enrichies avec des adjectifs et des petits mots.
Choisis des mots pour enrichir les groupes de mots de ta propre production.
Parfois ça changera les liaisons.

L'ÉLÈVE : J'ai oublié mon ardoise.
L'ÉLÈVE : J'ai oublié ma **petite** ardoise.
L'ÉLÈVE : J'ai oublié ma **belle** petite ardoise.
L'ÉLÈVE : J'ai oublié ma belle petite ardoise **toute jaune**.

LE TROUBADOUR : Écoutez cette histoire !
LE TROUBADOUR : Écoutez cette **belle** histoire !
LE TROUBADOUR : Écoutez cette **très** belle histoire !
LE TROUBADOUR : Écoutez cette très **douce et** très belle histoire !

LA DAME : J'ai vu des oiseaux !
LA DAME : J'ai vu **de gros** oiseaux !
LA DAME : J'ai vu de gros oiseaux ! **Trois** gros oiseaux !
LA DAME : J'ai vu de gros oiseaux ! Trois gros oiseaux !
Trois **monstrueux et** gros oiseaux !

3 Point d'étape

As-tu réussi à trouver des liaisons à mettre dans ton texte ? ☐ OUI ☐ NON

As-tu réussi à enrichir ton texte à l'aide d'adjectifs et de petits mots ? ☐ OUI ☐ NON

Nom : .... Date : ....

3 Les outils pour mieux écrire ton texte

1 Les didascalies

Lis ce texte produit par un élève en tenant compte des consignes qu'il donne en didascalies (mots en gras) sur la manière de le dire.
À ton tour, pense à ajouter des didascalies à ton propre texte.

À l'école des sorciers

LA SORCIÈRE : Programme du jour : dessine ton arbre avec ta baguette.

CARLE ***gêné*** : Madame… je… je… je… ne sais pas dessiner des narbres.

LA SORCIERE ***agacée*** : Ce n'est pas correct ! On ne dit pas des narbres ! On dit des arbres.

CARLE ***se questionnant*** : Mais Madame ? Je ne sais pas non plus dessiner le *zarbre*.

LA SORCIÈRE ***excédée*** : Non et non ! On dit un arbre !

CARLE ***sûr de lui*** : Ah, vous voyez.

LA SORCIÈRE ***essayant de garder son calme*** : Un arbre, des arbres, votre arbre. C'est simple comme un petit bonjour. Tu vas y arriver. Commence par prendre ta baguette.

CARLE ***malicieux*** : On ne peut pas dessiner des fruits plutôt ? Ou un gros *naigle* ?

2 Le registre de langue

Lis ces deux textes dont l'un est en langage soutenu et l'autre en langage familier.
Adapte ton propre texte pour qu'il corresponde à l'un de ces types de langage précis.

Le roi et le chevalier

LE ROI : Que regardez-vous, chevalier ?

LE CHEVALIER : J'admire votre magnifique objet en métal, votre majesté.

LE ROI : Ah oui, mon *quobjet* est magnifique. Je suis bien d'accord avec vous.

LE CHEVALIER : Mon roi, avec tout mon respect, on ne dit pas mon *quobjet* mais mon objet.

LE ROI : Mais… mais… Que me dis-tu là ? J'ai bien dit ce bel *nobjet* est magnifique.

LE CHEVALIER : Mon bon roi, on dit mon objet et ce bel objet…

LE ROI : Mais oui ! Et je suis le roi, chevalier ! Je dis tout ce que je veux ! Bien, allons plutôt admirer mes portraits !

Deux amis

LILOU : Qu'est-ce que tu regardes ?

ALI : J'admire ce magnifique objet !

LILOU : Ah oui, cet *quobjet* est génial. Je suis d'accord !

ALI : Mais enfin Lilou, on ne dit pas cet *quobjet* ! On dit cet objet.

LILOU : Euh… euh… Quoi ? Mais c'est ce que j'ai dit ! J'ai bien dit ce bel *tobjet* !

ALI : Bah non… on dit cet objet et ce bel objet.

LILOU : Pfff ! Aucune importance ! Viens, on va plutôt aller voir les BD !

4★ Relire et enrichir ton texte

❶ Différentes structures de présentation du texte de théâtre

Indique à quels textes correspondent ces différentes manières de présenter un texte de théâtre.
Choisis la présentation qui te convient et maintiens-la tout au long de ton texte.

Texte A - *Au zoo* LIAM – Maîtresse, c'est quoi ces oiseaux ? LA MAÎTRESSE – Ce sont des albatros. LIAM – Eh, les copains, regardez le *zalbatros* !	Texte B - *Les liaisons malheureuses* FRÉDÉRIC, *penaud* : Maîtresse… LA MAÎTRESSE : Oui ? Qu'y a-t-il, Frédéric ? FRÉDÉRIC : Je l'ai perdue, ma *zardoise*.
Texte C - *Les œufs brouillés* LA MARCHANDE Je compte 1 neuf, 2 neuf… LA CLIENTE INSTITUTRICE, *gênée* Non… 2 œufs.	Texte D - *Le roi et le chevalier* LE ROI : Que regardez-vous, chevalier ? LE CHEVALIER : J'admire votre magnifique objet en métal, votre majesté. LE ROI : Ah oui, mon *quobjet*.

On retourne à la ligne à chaque prise de parole, chaque tirade.	Oui, pour les textes : ....
Le nom du personnage précède ses paroles.	Oui, pour les textes : ....
Les noms des personnages sont écrits en capitales d'imprimerie.	Oui, pour les textes : ....
On met un tiret avant la prise de parole.	Oui, pour les textes : ....
On met un deux-points avant la prise de parole.	Oui, pour les textes : ....
La tirade est écrite sous le nom du personnage qui la prononce.	Oui, pour les textes : ....

❷ La grille de réussite

En relisant le texte que tu as produit, coche les cases de la grille critériée.
Si nécessaire, améliore ton texte.

Le cadre	Deux personnages au moins.	☐ OUI ☐ NON
	Un mot transformé par des liaisons.	☐ OUI ☐ NON
	Une réplique finale pour conclure le dialogue.	☐ OUI ☐ NON
Les mots	Pour constituer des confusions.	☐ OUI ☐ NON
	Pour renforcer les émotions (didascalies).	☐ OUI ☐ NON
	Adjectifs et petits mots pour enrichir.	☐ OUI ☐ NON
La demande de la maîtresse ou du maître	Écris les mots utilisés :	

Nom : .... Date : ....

4 Relire et enrichir ton texte

1 Différentes structures de présentation du texte de théâtre

Observe les différentes présentations des textes proposés pour ce défi.
Indique à quels textes correspondent ces différentes manières de présenter un texte de théâtre.
Choisis la présentation qui te convient et maintiens-la tout au long de ton texte.

A : Les liaisons malheureuses B : Au zoo
C : Les œufs brouillés D : Le roi et le chevalier

Les noms des personnages sont écrits en capitales d'imprimerie.	Oui, pour les textes : ....
On met un tiret avant la prise de parole.	Oui, pour les textes : ....
On met un deux-points avant la prise de parole.	Oui, pour les textes : ....
La tirade est écrite sous le nom du personnage qui la prononce.	Oui, pour les textes : ....

2 Choisir des didascalies

Propose des didascalies permettant d'appuyer le ton que l'on pourrait donner à ces différentes répliques. Introduis des didascalies dans ton texte pour renforcer le ton de certaines de tes répliques.

LE CHEVALIER .... : J'admire votre magnifique objet en métal.
LE ROI .... : Ah oui, mon *quobjet* est magnifique.
LE CHEVALIER .... : Mon roi, avec tout mon respect, on ne dit pas mon *quobjet* mais mon objet.
LE ROI .... : Mais… mais… Que me dis-tu là ?
LE CHEVALIER .... : Mon bon roi, on dit mon objet et ce bel objet…
LE ROI .... : Mais oui ! Et je suis le roi, chevalier ! Je dis tout ce que je veux !

3 La grille de réussite

En relisant le texte que tu as produit, coche les cases de la grille critériée.
Si nécessaire, améliore ton texte.

Le cadre	Deux personnages au moins.	☐ OUI ☐ NON
	Un mot transformé par des liaisons.	☐ OUI ☐ NON
	Une chute originale.	☐ OUI ☐ NON
Les mots	Pour constituer des confusions.	☐ OUI ☐ NON
	Pour adapter le langage en fonction des personnages.	☐ OUI ☐ NON
	Pour renforcer les émotions (didascalies).	☐ OUI ☐ NON

Défi « Les émotions »

Thème : Les émotions.

Support : « Dans le palais des glaces », in *J'attends maman*, Murielle Szac, Thierry Magnier, 2003.

Genre : Album.

Résumé : Ce dimanche-là, Julien est tout heureux d'être avec sa maman, lui qui vit toute la semaine dans un foyer. Alors il ne veut pas la perdre. Et pourtant, dans le palais des glaces, sa main lui échappe et le voilà perdu. Angoisse d'abandon, se sentir définitivement perdu. Puis c'est la honte qui vient : que va penser de lui sa mère, si elle le retrouve quand même ?

Éléments de compréhension à faire identifier :

- Faire identifier où se passe la scène, en le déduisant à partir de la description du palais des glaces.
- Souligner les émotions ressenties par le personnage, à savoir l'angoisse de la perte de sa maman, puis la honte.
- Expliquer l'élément perturbateur qui conduit à l'angoisse du personnage, à savoir le fait de lâcher la main de sa maman dans l'attraction.
- Faire remarquer que la chute est produite par la main du monsieur en écho à la main de la maman. Cet événement conduit aux retrouvailles.

Textes ressources du module :

– « Dans le palais des glaces », texte extrait de *J'attends maman,* Murielle Szac.

– « À l'équitation ! », texte extrait de *Vivement jeudi !*, Mickaël Ollivier.

En complément (ressources à télécharger) :

– Une fiche « compréhension » du texte ressource du défi.

Les incontournables du défi :

– Le champ lexical d'une émotion

– Structure autour d'un élément perturbateur

Enrichissements d'écriture travaillés :

– Usage de connecteurs pour accentuer la relation causale

– Usage du champ lexical d'une émotion

– Rechercher à susciter des émotions chez le lecteur

– Les marqueurs de temps

– Les connecteurs logiques

– Les comparaisons

Formulation du défi pour l'élève :

DÉFI « Les émotions »

Consigne :

À l'aide du texte source « Dans le palais des glaces », écris un court texte mettant en scène au moins un personnage, qui vit un événement suscitant une émotion.

Contraintes et attendus :

– Produire un dialogue d'au moins 6 lignes (CE1) ou 10 lignes (CE2).

– Seront valorisés les textes :

- qui relateront un événement,
- qui présenteront l'usage d'une émotion à travers son champ lexical,
- qui se termineront sur une chute originale.

Texte ressource

Dans le palais des glaces

La seule attraction que je n'aurais pas dû demander c'est le palais des glaces. C'est un drôle d'endroit où l'on se perd et après on n'arrive plus à retrouver son chemin. En entrant, j'avais lâché la main de maman et elle avait aussitôt disparu. Je la voyais se refléter dans les miroirs une fois, deux fois, dix fois. J'essayais de la rejoindre. Ce n'était jamais elle toujours son image. J'ai commencé à m'affoler. J'ai crié, j'ai cru que je ne la retrouverais jamais. La tête me tournait. Je n'avais pas eu le vertige sur la grande roue. Mais là, un vertige horrible me faisait trembler.

« Maman ! Maman ! » J'ai crié comme un fou, comme dans mes pires cauchemars. Je me suis assis par terre et je me suis mis à pleurer. Le monsieur est arrivé, je ne sais d'où, et il m'a pris par la main et m'a conduit à la sortie. Je me suis jeté dans les bras de maman. J'avais un peu honte d'avoir gâché un moment aussi beau. J'ai eu peur que maman soit fâchée, mais elle n'a rien dit. Elle m'a serré très fort.

« Dans le palais des glaces », in *J'attends maman*, Murielle Szac, © Thierry Magnier, 2003, 2015.

Nom : ....   Date : ....

1★ Caractériser le genre et la structure

Le contenu du genre

Lis ce texte.
Puis relie les éléments aux extraits du texte.

une inquiétude •	• « me faisait trembler »
un affolement •	• « La tête me tournait »
un vertige •	• « j'ai cru que je ne la retrouverais jamais »
un tremblement •	• « J'ai commencé à m'affoler »
des larmes •	• « je me suis mis à pleurer »
un regret •	• « J'avais un peu honte d'avoir gâché un moment aussi beau »
une honte •	• « elle avait aussitôt disparu »
un mystère •	• « je n'aurais pas dû demander »
un désespoir •	• « J'ai eu peur que maman soit fâchée »
quelque chose d'excessif •	• « J'ai crié »
un cri •	• « dans les miroirs une fois, deux fois, dix fois »

Dans le palais des glaces

La seule attraction que je n'aurais pas dû demander c'est le palais des glaces. C'est un drôle d'endroit où l'on se perd et après on n'arrive plus à retrouver son chemin. En entrant, j'avais lâché la main de maman et elle avait aussitôt disparu. Je la voyais se refléter dans les miroirs une fois, deux fois, dix fois. J'essayais de la rejoindre. Ce n'était jamais elle toujours son image. J'ai commencé à m'affoler. J'ai crié, j'ai cru que je ne la retrouverais jamais. La tête me tournait. Je n'avais pas eu le vertige sur la grande roue. Mais là, un vertige horrible me faisait trembler.

« Maman ! Maman ! » J'ai crié comme un fou, comme dans mes pires cauchemars. Je me suis assis par terre et je me suis mis à pleurer. Le monsieur est arrivé, je ne sais d'où, et il m'a pris par la main et m'a conduit à la sortie. Je me suis jeté dans les bras de maman. J'avais un peu honte d'avoir gâché un moment aussi beau. J'ai eu peur que maman soit fâchée, mais elle n'a rien dit. Elle m'a serré très fort.

« Dans le palais des glaces », in *J'attends maman*, Murielle Szac, © Thierry Magnier, 2003, 2015.

Nom : .... Date : ....

1 Caractériser le genre et la structure

1 Le contenu du genre sur le texte 1

Dans le texte « Dans le palais des glaces »,
souligne les mots ou groupes de mots du texte avec les bonnes couleurs :
- en **bleu**, un affolement,
- en **vert**, un cri,
- en **rouge**, un vertige,
- en **orange**, un tremblement,
- en **jaune**, des larmes,
- en **violet**, un mystère,
- en **marron**, une honte,
- en **gris**, un désespoir.

2 Le contenu du genre sur le texte 2

Dans le texte « L'équitation »,
souligne les mots ou groupes de mots du texte avec les bonnes couleurs :
- en **bleu**, une injustice,
- en **vert**, une peur,
- en **rouge**, des dégoûts,
- en **orange**, une réaction du corps,
- en **violet**, quelque chose de pénible.

L'équitation !

Cette petite fille a été inscrite à un cours d'équitation.

Tous les mercredis, j'ai mal au cœur sur le dos de Quickly, le poney marron et blanc. Je tourne en rond dans le manège qui sent la crotte, et le moniteur (qui sent la crotte aussi, à force) me gronde parce que je n'arrive pas à faire ce qu'il demande. C'est pas ma faute à moi si ce poney est une vraie tête de mule !

Après le manège, je dois encore le brosser et lui donner à manger.

J'ai toujours peur que Quickly me donne un coup de sabot ou qu'il me morde avec ses grandes dents jaunes. Mais c'est un gentil poney, et comme il est content, il fait des bruits avec sa bouche en envoyant des postillons. C'est un peu dégoûtant.

Vivement jeudi !, Mikaël Ollivier, © Thierry Magnier, 2002, 2015.

2★ Premiers essais d'écriture

1 Le cadre du texte

Relie ces éléments aux réponses à l'aide de ce texte rédigé par une élève.

Le retour de mon frère *(texte composé par Lina)*

C'était un mercredi à la gare. J'étais très heureuse, car j'allais revoir mon grand frère. Je ne l'avais pas vu depuis deux mois. Le train est arrivé. Mon grand frère est descendu et je me suis jetée dans ses bras. J'ai pleuré de joie. J'étais si ravie de le voir. Cela me faisait chaud au cœur. Je n'arrêtais pas de sourire.

Nous sommes partis vers la maison. Je riais et sautillais dans la rue comme une petite fille quand il me parlait. Nous avons passé une soirée magnifique.

Le lendemain, le rêve s'est arrêté. Mon frère repartait à l'université. Mes larmes ont roulé sur mes joues. Cette fois, ce n'était plus des larmes de joie.

Quand ?	Moment du début du texte •	• Le lendemain
	Moment de la fin du texte •	• C'était un mercredi
Où ?	Lieu du début du texte •	• la rue
	Lieu du milieu du texte •	• la gare
	Lieu de la fin du texte •	• la maison
Quoi ?	L'émotion du début du texte •	• la tristesse
	L'émotion de la fin du texte •	• la joie

2 Le cadre de ton texte

Choisis un lieu, un moment et une émotion parmi la liste ou de ton choix, puis remplace les passages soulignés.

Quand ?	Jour de pluie	Matin	Mercredi	Mois de janvier
	Jour ensoleillé	Après-midi	Samedi	Mois de juillet
Où ?	Gare	Rue	Salon	Au musée
	Parc	maison	Cour de récréation	Au cinéma
Quoi ?	Joie	Colère	Honte	Surprise
Quelle émotion ?	Peur	Tristesse	Fierté	Dégoût

[Quand ?] : C'était un mercredi.

....

[Où ?] : J'étais à la gare avec mes parents.

....

[Quoi et pourquoi ?] : J'étais joyeuse, car j'allais revoir mon frère !

....

3 Le premier jet

Choisis une émotion et commence à écrire ton propre texte.

4 Point d'étape

Quelle émotion as-tu choisie ?

....

Nom : .... Date : ....

2 Premiers essais d'écriture

1 Le cadre du texte

Remplis ce tableau à l'aide de ce texte rédigé par une élève.

Le retour de mon frère *(texte composé par Lina)*

C'était un mercredi et ce jour-là, j'étais à la gare avec mes parents. J'étais très heureuse, car j'allais revoir mon grand frère. Je ne l'avais pas vu depuis deux mois. Le train est arrivé. Mon grand frère est descendu et je me suis jetée dans ses bras. J'ai pleuré de joie. J'étais si ravie de le voir. Cela me faisait chaud au cœur. Je n'arrêtais pas de sourire.

Nous sommes partis vers la maison. Je riais et sautillais dans la rue comme une petite fille quand il me parlait. Nous avons passé une soirée magnifique.

Le lendemain, le rêve éveillé s'est arrêté. Mon frère repartait à l'université. Mes larmes ont roulé sur mes joues. Cette fois, ce n'était pas des larmes de joie, mais des larmes de tristesse.

TEMPS 1

Où ?	Identifie le 1er lieu	
Quand ?	Identifie le moment	
Quoi ?	Identifie la 1re émotion	
Comment ?	Explique ce qui a déclenché la 1re émotion	

TEMPS 2

Où ?	Identifie le 2e lieu	
Quand ?	Identifie le moment	
Quoi ?	Identifie la 2e émotion	
Comment ?	Explique ce qui a déclenché la 2e émotion	

TEMPS 3

Où ?	Identifie le 3e lieu	
Quand ?	Identifie le moment	
Quoi ?	Identifie l'émotion finale	
Comment ?	Explique ce qui a déclenché l'émotion finale	

2 Le premier jet

Choisis une émotion parmi la liste et commence à écrire ton propre texte au dos de cette feuille ou sur un cahier.

joie peur colère tristesse honte fierté surprise dégoût

3 Point d'étape

As-tu défini... un lieu ? ☐ OUI ☐ NON un moment ? ☐ OUI ☐ NON

un élément déclencheur de l'émotion ? ☐ OUI ☐ NON

3★ Les outils pour mieux écrire ton texte

1 Les connecteurs

Lis toutes les phrases possibles. Puis colorie tes connecteurs ou groupes de mots préférés. Tu pourras les utiliser dans ton texte.

Ce jour-là,
Après l'école,
Durant le trajet,
→ nous parlions de ce que nous aimerions faire plus tard.

À cause de
En raison de
Suite à
→ ma réponse, mes copains se sont moqués de moi.

Des larmes ont →
alors
donc
par conséquent
→ coulé sur mes joues.

Mais,
Tout à coup,
Heureusement,
→ j'ai entendu mon grand-père : il grondait mes copains.

2 Des comparaisons

Lis ces comparaisons car, pour expliquer les choses, parfois rien ne vaut les comparaisons. À ton tour, trouve des comparaisons pour ton texte.

- J'ai crié comme un fou, **comme** dans mes pires cauchemars.
- Je riais et sautillais dans la rue **comme** une petite fille.
- J'étais heureux **comme** un poisson dans l'eau.
- Je tremblais **comme** une feuille.

3 Les émotions par le corps

Lis ces extraits des textes qui montrent que les émotions agissent sur le corps. À ton tour, introduis des réactions de ton corps suite aux émotions.

« j'ai mal au **cœur** »

« Des **larmes** ont coulé le long de mes **joues** »

« Mais là, un **vertige** horrible me faisait **trembler** »

« Je **riais** et **sautillais** dans la rue »

« La **tête** me tournait »

« Cela me faisait chaud au **cœur** »

« Je me suis **assis** par terre »

« Je **baissais** alors **la tête** »

4 Point d'étape

As-tu été attentif à introduire des petits mots connecteurs dans ton texte ? ☐ OUI ☐ NON

3 Les outils pour mieux écrire ton texte

1 Le champ lexical d'une émotion

Lis ces phrases qui traduisent une émotion ressentie et qui se manifeste physiquement.
À ton tour, complète ces phrases en choisissant des mots de la liste ou de ton choix.

J'étais **gênée** par cette situation. Je **baissais** alors **la tête**, **honteuse** à l'idée de ce qui allait se passer.

J'étais .... cette situation. Je .... alors ...., ... à l'idée de ce qui allait se passer.

Joie	Surprise	Peur	Colère	Tristesse
Joyeux/-se	Surpris/-e	Peureux	S'énerver	Triste
Joyeusement	Surprise	Être paniqué/-e	Furieux/-se	Attristé/-e
Enthousiaste	Ahuri/-e	Craindre	Agressif/-ive	Affecté/-e
Heureux/-se	Médusé/-e	Frayeur	Irritation	Avoir de la peine
Content/-e	Être abasourdi/-e	Effrayé/-e	Irrité/-e	Verser des larmes
Se réjouir	Stupéfaction	Terreur	Mécontent/-e	Avoir du chagrin
Sourire	Stupéfait/-e	Terrorisée/-e	Se fâcher	Être morose
Souriant/-e	Étonné/-e	Sueurs froides	Taper du pied	Pleurer
Rire	Étonnement	Pâleur	Sourcils froncés	Baisser la tête
Gaieté	Écarquiller les yeux	Trembler	Rougeur	Larmoyant
Gai/-e	Sursauter	Épouvanté	Crier	Être défait
Bien-être	Ouvrir la bouche	Épouvantable	Hurler	Douloureux

2 D'une émotion à l'autre

Dans ces extraits, les personnages passent d'une émotion à l'autre.
Tâche d'introduire différentes émotions dans ton propre texte.

Étape 1 : « Je me suis jetée dans ses bras. J'ai pleuré de joie. »
Étape finale : « Cette fois, ce n'était pas des larmes de joie, mais des larmes de tristesse. »

Étape 1 : « Papa est entré dans une colère noire. Des larmes ont coulé le long de mes joues. »
Étape finale : « J'étais ravie, heureuse, bref, j'étais aux anges ! »

Étape 1 : « J'ai crié, j'ai cru que je ne la retrouverais jamais. »
Étape finale : « J'ai eu peur que maman soit fâchée, mais elle n'a rien dit. Elle m'a serré très fort. »

3 Point d'étape

As-tu introduit des mots qui enrichissent la présentation de tes émotions ? ☐ OUI ☐ NON

Nom : .... Date : ....

4★ Relire et enrichir ton texte

1 Un texte pour de nouvelles idées

Lis ce texte composé par une élève qui pourra te permettre d'enrichir ton texte avec de nouvelles idées.

Le bouquet de Maman *(texte composé par Nour)*

C'était un beau jour de juillet. J'avais envie de faire un bouquet de fleurs pour ma maman. J'ai alors cueilli des fleurs du jardin. Mon papa m'a aperçue et il m'a demandé d'arrêter. Comme je n'ai pas voulu, Papa est entré dans une colère noire. Des larmes ont coulé le long de mes joues et j'ai couru vers la maison. Je broyais du noir dans ma chambre. Je ne pouvais pas m'arrêter de pleurer. Je ressemblais à une fontaine, une fontaine triste et morose et qui noyait son chagrin dans mon oreiller.

C'est alors que Papa est entré avec un énorme bouquet de tulipes qu'il avait acheté pour que je l'offre moi-même à ma maman. J'étais ravie, heureuse, bref, j'étais aux anges !

Tout compte fait, c'était mieux comme ça ! J'avais un bouquet pour Maman et il y avait toujours des fleurs dans le jardin.

2 La grille de réussite

En relisant le texte que tu as produit, coche les cases de la grille de réussite. Si nécessaire, enrichis ton texte.

CE QUI ÉTAIT ATTENDU :

Une émotion	Tu as raconté un événement suscitant une émotion.	☐ OUI ☐ NON
	Écris ici le personnage choisi et l'émotion qu'il a ressentie :	
Les petits mots pour conclure ton texte	Tu as utilisé des petits mots de liaison : enfin, finalement, en fin de compte, etc.	☐ OUI ☐ NON
	Écris ici les petits mots que tu as utilisés pour écrire la chute de ton texte :	
Un champ lexical	Tu as utilisé des mots pour décrire l'émotion ressentie par le personnage.	☐ OUI ☐ NON
	Écris ici les mots que tu as utilisés pour décrire l'émotion ressentie :	
À la fin	Tu as relu pour corriger l'orthographe.	☐ OUI ☐ NON
	Tu as fait attention au soin et à ton écriture.	☐ OUI ☐ NON
Lecture	Tu as fait lire ta production à un camarade.	☐ OUI ☐ NON
	Tu as lu la production d'un camarade.	☐ OUI ☐ NON

4 Relire et enrichir ton texte

1 Un texte pour de nouvelles idées

Lis ce texte composé par une élève qui pourra te permettre d'enrichir ton texte avec de nouvelles idées.

Le bouquet de Maman *(texte composé par Nour)*

C'était un beau jour de juillet. J'avais envie de faire un bouquet de fleurs pour ma maman. J'ai alors cueilli des fleurs du jardin. Mon papa m'a aperçue et il m'a demandé d'arrêter. Comme je n'ai pas voulu, Papa est entré dans une colère noire. Des larmes ont coulé le long de mes joues et j'ai couru vers la maison. Je broyais du noir dans ma chambre. Je ne pouvais pas m'arrêter de pleurer. Je ressemblais à une fontaine, une fontaine triste et morose et qui noyait son chagrin dans mon oreiller.

C'est alors que Papa est entré avec un énorme bouquet de tulipes qu'il avait acheté pour que je l'offre moi-même à ma maman. J'étais ravie, heureuse, bref, j'étais aux anges !

Tout compte fait, c'était mieux comme ça ! J'avais un bouquet pour maman et il y avait toujours des fleurs dans le jardin.

2 La grille de réussite

En relisant le texte que tu as produit, coche les cases de la grille critériée. Si nécessaire, améliore ton texte.

CE QUI ÉTAIT ATTENDU :

Une émotion	Tu as raconté un événement suscitant une émotion.	☐ OUI ☐ NON
Une évolution	Cette émotion évolue au fil de ton texte.	☐ OUI ☐ NON
Les petits mots de liaison	Tu as utilisé différents petits mots de liaison (ce jour-là, alors, donc, tout à coup, etc.).	☐ OUI ☐ NON
La richesse des mots	Tu as utilisé au moins une comparaison.	☐ OUI ☐ NON
Un élément original	Tu as trouvé un élément assez original pour conclure ton texte.	☐ OUI ☐ NON
À la fin	Tu as relu pour corriger l'orthographe.	☐ OUI ☐ NON
	Tu as fait attention au soin et à ton écriture.	☐ OUI ☐ NON
Lecture	Tu as fait lire ta production à un camarade.	☐ OUI ☐ NON
	Tu as lu la production d'un camarade.	☐ OUI ☐ NON
	Quand tu te relis, quel passage de ta production préfères-tu ?	

Défi « Une comptine en pieds et en rimes »

Thème : Une comptine en pieds.

Support : *Promenons-nous dans les bois.*

Genre : Comptine traditionnelle.

Résumé : La comptine évoque des personnes qui se promènent dans les bois tant que le loup n'y est pas présent. Progressivement, le loup s'habille pour se rendre dans les bois.

Éléments de compréhension à faire identifier :

- Faire remarquer que c'est une comptine célèbre, qui date du XVIIe siècle, dont l'auteur et le mélodiste sont inconnus.
- Faire identifier la crainte du loup, personnage terrifiant et dévorant les hommes, présent dans les contes traditionnels.
- Faire identifier les rimes de cette comptine.
- Faire identifier le nombre de pieds de cette comptine pour montrer des régularités, en indiquant que des pieds, en poésie, sont des syllabes prononcées dans un vers. Observer que ce nombre de pieds nécessite de procéder à des segmentations et fusions syllabiques inhabituelles à l'écrit, mais courantes à l'oral, ces comptines ayant vocation à être dites, plus que lues.
- Faire remarquer le dialogue instauré entre les personnages qui se promènent et le loup.

Textes ressources du module :

– « Promenons-nous dans les bois », comptine traditionnelle, Anonyme.

– « Gentil dîner » et « La ronde des bonbons », extraits de *Comptines pour apprendre les sons*, Éric Battut, Nathan, 2024.

En complément (ressources à télécharger) :

– Une fiche « compréhension » du texte ressource du défi.

Les incontournables du défi :

– Des rimes

– Des pieds

Enrichissements d'écriture travaillés :

– La cohérence : où, quand, quoi, finalement

– La cohésion : temps verbaux, régularité rythmique et phonique

– Usage d'adverbes

– Introduction d'une formulette

Formulation du défi pour l'élève :

DÉFI « Une comptine en pieds et en rimes »

Consigne :

À l'aide du texte source *Promenons-nous dans les bois*, écris une comptine sur un thème de ton choix en utilisant des rimes et en comptant les pieds.

Contraintes et attendus :

– Produire au moins 4 vers (CE1) ou 6 vers (CE2).

– Seront valorisés les textes :

- qui présenteront un thème,
- qui utiliseront des rimes en fin de vers,
- qui présenteront un nombre régulier de pieds,
- qui auront une bonne cohésion temporelle,
- qui susciteront l'émotion du lecteur.

Texte ressource

Promenons-nous dans les bois

(refrain) Promenons-nous dans les bois
pendant que le loup n'y est pas
si le loup y était
il nous mangerait,
mais comme il n'y est pas
il n'nous mangera pas.
Loup y es-tu ?
Entends-tu ?
Que fais-tu ?
– Je mets ma chemise...

(refrain)
– Je mets ma culotte...

(refrain)
– Je mets mes chaussettes...

(refrain)
– Je mets ma veste...

(refrain)
– Je mets mes bottes...

(refrain)
– Je mets mon chapeau...

(refrain)
– Je mets mes lunettes...

(refrain)
– J'arrive !
– HAAAAAAAA !

1★ Caractériser le genre et la structure

La structure du genre

Analyse le refrain du texte ressource en soulignant les rimes finales :
- en **vert** pour les rimes en [**a**],
- en **bleu** pour les rimes en [**ai**],
- en **orange** pour les rimes en [**u**].

Promenons-nous dans les bois

(refrain) Promenons-nous dans les bois
pendant que le loup n'y est pas
si le loup y était
il nous mangerait,
mais comme il n'y est pas
il n'nous mangera pas.
Loup y es-tu ?
Entends-tu ?
Que fais-tu ?

Souligne d'une même couleur les rimes qui ont le même son dans cette nouvelle comptine.
Pour chaque vers de « Gentil dîner », indique combien il y a de pieds (syllabes prononcées).

Gentil dîner

Un ouistiti cuisine du riz,	.... pieds
des salsifis et des radis	.... pieds
pour huit gentils p'tits canaris.	.... pieds
– Les voulez-vous bien cuits ?	.... pieds
– Oui oui oui !	.... pieds
Cuits cuits cuits !	.... pieds

Comptines pour apprendre les sons, Éric Battut, © Nathan, 2024.

Nom : .... Date : ....

1 Caractériser le genre et la structure

La structure du genre

Analyse ces deux textes en soulignant en **rouge** le son qui rime à la finale de chaque vers.
Trouve les mots intrus : l'un des vers ne se termine pas par le même son :

....

Trouve les trois mots de fin de vers qui ont un **e** final qui ne prononce pas :

....

Quelle est la rime finale de chaque vers ?

Pour « Gentil dîner » : .... Pour « La ronde des bonbons » : ....

Gentil dîner

Un ouistiti cuisine du riz,
des salsifis et des radis
pour huit gentils p'tits canaris.
– Les voulez-vous bien cuits ?
– Oui oui oui !
Cuits cuits cuits !

Comptines pour apprendre les sons, Éric Battut,

La ronde des bonbons

Ainsi font font fondent
trois petits bonbons
au fond de ma bouche
en faisant une ronde.
Et puis ils s'en vont
dans mon p'tit bedon.

Comptines pour apprendre les sons, Éric Battut,

Pour chaque vers de « La ronde des bonbons », indique combien il y a de pieds (syllabes prononcées).
Pour « Gentil dîner », souligne avec une même couleur les vers qui ont le même nombre de pieds.

Ainsi font font fondent → .... pieds

trois petits bonbons → .... pieds

au fond de ma bouche → .... pieds

en faisant une ronde. → .... pieds

Et puis ils s'en vont → .... pieds

Dans mon p'tit bedon. → .... pieds

Nom : .... Date : ....

2★ Premiers essais d'écriture

1 Un thème de comptine

Aide-toi de ces objets du quotidien et des pouvoirs magiques pour choisir les tiens.

- Les vêtements
- La cuisine
- La nature
- Mon doudou
- Les monstres
- Princes et princesses
- Le sport
- Un animal
- Les confiseries
- L'école
- Les jeux
- Mon objet préféré
- Les amis
- Les vacances
- Mes rêves
- Ma passion

Écris le thème que tu choisis pour ta comptine :

....

2 Des rimes

Écris le 2e vers à la suite du 1er, en choisissant des mots qui riment avec le mot en gras.

Puis, à ton tour, écris au moins 2 vers qui riment.

o	a	é	i
moto chevaux château	pique-niquera promènera dansera	dîner cuisiner coloré	ouistiti riz dit
u	**oi**	**on**	**in**
entendu vue apparu	roi chamois froid	leçons bonbons ronds	chemin jardin copain

Je voyais de mon **bureau**

....

Dans les **bois,**

....

À l'école, nous **allons**

....

J'irai vite **demain**

....

Tes 2 vers qui riment : ....

....

3 Le premier jet

Commence à écrire ton propre texte au dos de cette feuille ou sur un cahier.

4 Point d'étape

Finalement, quel est le thème de ta comptine ?

....

Dans ton texte, as-tu commencé à utiliser des rimes ? ☐ OUI ☐ NON

2 Premiers essais d'écriture

1 La production d'un élève

Voici une comptine produite par un élève.

Les sucreries *(texte composé par Maxime)*

Strophe 1 :
J'aime les petits bonbons
Ceux qui fondent et sont tout ronds
Ces bonbons sont vraiment bons !

Strophe 2 :
J'adore aussi les gâteaux
Les petits biscuits tout chauds
Qui sont aussi bons que beaux.

Strophe 3 :
Il n'y en a plus ?
Je suis très déçu.

Combien de pieds font ces vers ?

1re strophe : .... pieds 2e strophe : .... pieds 3e strophe : .... pieds

Les vers sont organisés par rimes. Combien de vers sont-ils reliés par la même rime ?

1re strophe : .... vers 2e strophe : .... vers 3e strophe : .... vers

Quelle est la rime des vers de chaque strophe ?

1re strophe, la rime est : le son ....
2e strophe, la rime est : le son ....
3e strophe, la rime est : le son ....

Surligne des mots et des expressions qui te semblent utiles pour ton propre texte.

2 Des adverbes et des rimes

Complète ces phrases issues de la production d'une élève :
En utilisant des adverbes des listes ou de ton choix pour obtenir une rime.
Puis en utilisant un adverbe pour obtenir le nombre de pieds indiqués.
Demande le texte « L'école » pour voir ce que l'auteur avait choisi.

Rime (in)	Rime (i)	Rime (en)	Rime (k)	Rime (ou)	Rime (oi)	Rime (ar)
soudain	ainsi	maintenant	parce que	tout à coup	pourquoi	car
enfin	aussi	patiemment	puisque	tout	parfois	quelque part
moins	ici	doucement	presque	partout	quelquefois	tôt ou tard
demain	si	finalement		dessous		

Le maître nous att**en**d (6 pieds)
On se tait .... ← même rime
On se tait .... ← même nombre de pieds (6 pieds)
On lit et on écr**i**t (6 pieds)
Mais on y rit .... ← même rime
On rit .... ← même nombre de pieds (6 pieds)

3 Le premier jet

Commence à écrire ton propre texte au dos de cette feuille ou sur un cahier.

4 Point d'étape

Finalement, quel thème as-tu choisi ? : ....
Dans ta comptine, as-tu trouvé une rime finale pour chaque vers ? ☐ OUI ☐ NON
Dans ta comptine, as-tu commencé à compter les pieds ? ☐ OUI ☐ NON

Nom : .... Date : ....

3★ Les outils pour mieux écrire ton texte

1 Le sens d'un texte

Tout texte suit une cohérence. Remplis le tableau à l'aide du texte d'un élève.

Le maintien du lieu	**Où ?**	....
Les événements qui se suivent de manière logique	**Quoi ?**	Numérote dans l'ordre de l'histoire. ☐ C'est la sortie ☐ La leçon commence ☐ Les enfants vont quitter l'école. ☐ La cloche sonne ☐ Les enfants écoutent
La fin, la chute	**Finalement ?**	Cette fin : ☐ fait réfléchir ☐ étonne ☐ amuse ☐ crée une émotion

L'école *(texte composé par Eden)*

À l'école, nous allons
Pour copier nos leçons.
Le maître nous attend
On écoute sagement.
On lit et on écrit
Mais on y rit aussi.

La cloche va retentir,
Il va falloir finir.
La leçon est finie
Tous au parc les amis !

2 Les choix logiques de l'auteur

Pour construire ses phrases, l'auteur de la comptine est attentif à la cohésion de son texte. Remplis le tableau à l'aide du texte de l'élève.

Le maintien du temps des verbes	**Les verbes**	☐ présent ☐ passé simple ☐ imparfait ☐ futur
Le nombre de pieds de ces vers	**Les pieds**	☐ 4 pieds ☐ 5 pieds ☐ 6 pieds ☐ 8 pieds
L'organisation des rimes	**Les rimes**	Les rimes sont organisées par : ☐ duos de vers ☐ trios de vers ☐ groupes de 4 vers ☐ ce sont toujours les mêmes rimes
Les sons des rimes		On trouve ces rimes : ☐ rimes (i) ☐ rimes (a) ☐ rimes (u) ☐ rimes (on) ☐ rimes (ir) ☐ rimes (ou) ☐ rimes (en) ☐ rimes (oi)

3 La production de ton texte

Écris ton texte au dos de cette feuille ou sur un cahier en utilisant certains de ces outils.

4 Point d'étape

As-tu vérifié la suite logique de ton texte ? ☐ OUI ☐ NON

As-tu vérifié le temps de tes verbes ? ☐ OUI ☐ NON

Nom : .... Date : ....

3 Les outils pour mieux écrire ton texte

1 Le sens d'un texte

Tout texte suit une cohérence. Remplis le tableau à l'aide du texte d'un élève.

Où ? Le lieu de l'histoire	....
Quand se déroule-t-elle ?	....
Quoi ? Expose au moins 3 moments successifs de l'histoire.	....
Finalement ? Cette comptine se termine par une note d'humour. Écris d'autres chutes possibles en respectant le nombre de pieds et la rime.	Une chute qui étonne : .... Une chute qui fait réfléchir : .... Une chute qui crée une émotion : ....

L'école *(texte composé par Eden)*

À l'école, nous allons
Pour copier nos leçons.
Le maître nous attend
On écoute sagement.
On lit et on écrit
Mais on y rit aussi.

La cloche va retentir,
Il va falloir finir.
La leçon est finie
Tous au parc les amis !

2 Les choix logiques de l'auteur

L'auteur est attentif à la cohésion de son texte. Remplis le tableau à l'aide du texte de l'élève.

Le maintien du temps des **verbes**	Quel est le temps des verbes ? ....
Le nombre de **pieds**	Quel est le nombre de pieds de ces vers ? ☐ 4 pieds ☐ 5 pieds ☐ 6 pieds ☐ 8 pieds
L'organisation des **rimes**	Les rimes sont organisées par : ☐ duos ☐ trios ☐ groupes de 4 vers ☐ toujours les mêmes rimes
Les sons des **rimes**	Quels différents sons sont utilisés pour ces rimes : ....

3 La production de ton texte

Écris ton texte au dos de cette feuille ou sur un cahier en utilisant certains de ces outils.

4 Point d'étape

As-tu été attentif à la cohésion du temps des verbes ? ☐ OUI ☐ NON

As-tu été attentif à la régularité des pieds ? ☐ OUI ☐ NON

4★ Relire et enrichir ton texte

1 Des formulettes

Voici des exemples de formulettes trouvées dans des comptines ou des textes.
Utilise ou trouve une formulette pour conclure ton texte.

– J'arrive ! – HAAAAAAAA !	– Oui oui oui ! Cuits cuits cuits !	Ding, Dang, Dong
Picoti Picota	Chaud, Chaud, Chaud !	Et ainsi de suite, suite, suite…

Turlututu, n'en parlons plus !	C'est mon p'tit doigt qui me l'a dit.
Scrogneugneu…	Youpi youpi ya !

2 La grille de réussite

En relisant le texte que tu as produit, coche les cases de la grille de réussite.
Si nécessaire, enrichis ton texte.

CE QUI ÉTAIT ATTENDU :

Une comptine	Tu as utilisé **des rimes.**	☐ OUI ☐ NON
	Tu as souvent respecté un **nombre de pieds** pour des vers.	☐ OUI ☐ NON
Les petits mots	Tu as utilisé **des adverbes** : très, vraiment, enfin, etc.	☐ OUI ☐ NON
	Écris ici les petits mots que tu as utilisés :	
Les synonymes	Tu as utilisé des mots qui appartiennent à un même champ lexical.	☐ OUI ☐ NON
	Écris ici au moins un exemple qui le prouve :	
Une chute	Tu as utilisé au moins un vers de conclusion.	☐ OUI ☐ NON
	Écris ici le vers :	
À la fin	Tu as relu pour corriger l'orthographe.	☐ OUI ☐ NON
	Tu as fait attention au soin et à ton écriture.	☐ OUI ☐ NON
Lecture	Tu as fait lire ta production à un camarade.	☐ OUI ☐ NON
	Tu as lu la production d'un camarade.	☐ OUI ☐ NON

Nom : .... Date : ....

4 Relire et enrichir ton texte

1 Une chute originale

Lis ces différentes chutes possibles trouvées dans différentes comptines.
À ton tour, compose une chute originale pour ton texte.

Fin n° 1 : Une surprise	**Fin n° 5 : Un ton moqueur**
– J'arrive ! – HAAAAAAAA !	Tout petit Hi Hi Hi
Fin n° 2 : La fin de l'action	**Fin n° 6 : Une formulette**
La leçon est enfin finie Tous au parc les amis !	Turlututu, n'en parlons plus !
Fin n° 3 : Un jeu de mots	**Fin n° 7 : Une fin musicale**
– Oui oui oui ! Cuits cuits cuits !	Youpi youpi ya !
Fin n° 4 : Une déception	**Fin n° 8 : Un ton plaintif**
Il n'y en a plus... Je suis très déçu.	Scrogneugneu...

2 La grille de réussite

En relisant le texte que tu as produit, coche les cases de la grille critériée.
Si nécessaire, améliore ton texte.

CE QUI ÉTAIT ATTENDU :

Une comptine	Tu as utilisé **des rimes.**	☐ OUI ☐ NON
	Tu as compté **les pieds.**	☐ OUI ☐ NON
	Les vers ont souvent **le même nombre de pieds.**	☐ OUI ☐ NON
La cohérence	Tu as utilisé un seul **thème.**	☐ OUI ☐ NON
Un élément original	Tu as trouvé un élément assez original pour **conclure.**	☐ OUI ☐ NON
	Quelle émotion penses-tu que cette conclusion va produire ? ☐ de l'étonnement ☐ de l'amusement ☐ de l'émotion ☐ de la joie	
À la fin	Tu as relu pour corriger l'orthographe.	☐ OUI ☐ NON
	Tu as fait attention au soin et à ton écriture.	☐ OUI ☐ NON
Lecture	Tu as fait lire ta production à un camarade.	☐ OUI ☐ NON
	Tu as lu la production d'un camarade.	☐ OUI ☐ NON
	Quand tu te relis, quel passage de ta production préfères-tu ?	
Satisfaction	Qu'est-ce qui à ton avis est le plus réussi dans ta production ?	

Défi « Trop fort, trop nul »

Thème : Trop fort, trop nul : l'estime de soi.

Support : *Le meilleur en tout*, Thomas Scotto, Thierry Magnier, 2015.

Genre : Un roman et un écrit philosophique pour enfants.

Résumé :

« Édouard, le meilleur en tout » : Édouard est un enfant vantard, qui prétend être le meilleur en tout, et savoir tout sur tout. À l'anniversaire de sa cousine, il est entouré d'enfants lui posant des questions embarrassantes sur lesquelles il va devoir raconter tout ce qu'il sait, ou plutôt inventer tout ce qu'il ne sait pas.

« Simon, le nul ? » : Bien que passionné de karaté, Simon veut arrêter cette activité, car il a perdu toute confiance en ses capacités. Lui demandant de jouer le rôle du professeur, sa famille prend conscience que l'éducateur est à l'origine de la perte d'estime de lui-même. Bien que les parents aient cherché à en parler au professeur, ce dernier n'a rien voulu changer dans ses pratiques. Alors ils ont retiré leur enfant de cette activité sportive.

Éléments de compréhension à faire identifier :

Édouard, le meilleur en tout

- Faire identifier l'emploi de comparaison des qualités d'Édouard avec les différentes planètes.
- Faire remarquer la progression de la prétention du personnage : comparaison avec les planètes, interprétation de son isolement à table comme le moyen de l'admirer, la réponse directe à sa cousine où Édouard affirme clairement sa supériorité.

Simon, le nul ?

- Comprendre que ce sont les jugements portés par le professeur qui renvoient à Simon sa nullité.
- Observer que Simon imite en tout point son professeur. C'est cela qui permet à ses parents de comprendre le changement d'attitude de Simon et la perte d'estime en ses capacités.
- Comprendre que les parents tâchent d'en parler au professeur, mais que celui-ci ne sera pas réceptif.

Textes ressources du module :

– « Le meilleur en tout », extrait du *Meilleur en tout*, Thomas Scotto, Thierry Magnier, 2015.

– « Je suis nul », extrait des *Petites histoires de Filliozat*, Isabelle Filliozat, Nathan, 2020.

En complément (ressources à télécharger) :

– Une fiche « compréhension » du texte ressource du défi.

Les incontournables du défi :

– Exprimer une qualité ou une faiblesse

– Argumenter et justifier cette qualité ou cette faiblesse

Enrichissements d'écriture travaillés :

– Les connecteurs de cause et d'addition

– Les adjectifs

– Figure de style : la comparaison

– Éviter les répétitions

– La chute originale et/ou en rupture

Formulation du défi pour l'élève :

DÉFI « Trop fort, trop nul »

Consigne :

À l'aide du texte source « Le meilleur en tout », écris un texte où tu évoques un domaine de ton choix dans lequel un personnage est le meilleur ou le plus faible en le justifiant.

Contraintes et attendus :

– Produire au moins 6 lignes (CE1) ou 10 lignes (CE2).

– Seront valorisés les textes :

- qui présenteront un domaine dans lequel un personnage est le meilleur ou le plus faible,
- qui utiliseront des comparaisons ou des images,
- qui présenteront une argumentation de l'affirmation précédente,
- qui susciteront l'émotion du lecteur.

Texte ressource

Édouard, le meilleur en tout

Édouard, le narrateur, est sûr de lui et ne doute pas d'être le meilleur en tout.

Je suis le meilleur en tout. C'est une question de planètes. [...]

Là-dessus, j'ai bien réfléchi : pour ma beauté c'est Saturne, pour mon intelligence et les bonnes notes c'est Mercure, et si je nage aussi bien c'est sûrement grâce à Neptune. [...]

Pendant le repas du dimanche en famille, [...] c'est drôle, on m'installe toujours très loin en bout de table. Sûrement pour que chacun puisse m'admirer. Mais, du coup, je dois parler plus fort pour me faire entendre.

– Être le meilleur ce doit être triste, pense Joy, ma cousine, alors que nous sortons pour respirer dans le jardin, loin de la fumée des cigarettes.

– C'est surtout triste pour les autres, je réponds en m'étirant presque jusqu'au ciel. Je crois que je n'aimerais pas être au même niveau que tout le monde.

Joy et moi, nous avons une semaine de différence. Je suis le premier, évidemment, mais nous sommes nés le même mois de la même année. [...] Il paraît que ma tante est entrée à la maternité juste quand maman et moi on en sortait. Maman a laissé les clés de sa chambre et moi, mon berceau tout chaud pour Joy. J'étais déjà un ange.

Le meilleur en tout, Thomas Scotto, © Thierry Magnier, 2015.

Simon, le nul ?

La narratrice est la sœur de Simon qui se trouve toujours nul.

– Je suis nul au karaté. J'y arrive pas...

– Mais non, tu n'es pas nul. Tu vas progresser. Allez zou, on y va !

– Si je suis nul ! J'arrive même pas à faire une prise.

Que voulez-vous, Simon se trouvait de plus en plus nul. Si vous saviez tout ce qu'on a pu lui dire pour le rassurer... [...]

Heureusement un mardi soir, j'ai eu une excellente idée lumineuse : j'ai proposé à Simon de jouer son cours de karaté pour nous montrer : il serait le prof et nous les élèves... Il a dit : « ok ! »

– C'est quoi cette position ? Mais tu es vraiment nul ! Tu le fais exprès ou quoi ? Non, mais dites-moi que je rêve. Qui c'est qui m'a fichu des empotés pareils !

Quand on a été bien bien K.-O., maman m'a demandé :

– Et toi Simon tu fais quoi quand le prof dit tout ça ?

– Heu... Je reste au fond de la salle.

– Et qu'est-ce qu'il te dit ?

– Bah, que j'y arriverai jamais... que je suis nul...

« Je suis nul », in *Les petites histoires de Filliofaz*, Isabelle Filliofaz, Nathan, 2020.

1★ Caractériser le genre et la structure

1 La structure du genre : l'arrogance d'Édouard

Analyse le texte en soulignant les réponses aux questions à l'aide des couleurs :

- en **rouge** : grâce à quoi Édouard pense-t-il être le meilleur en tout ?
- en **bleu** : grâce à quoi Édouard imagine-t-il qu'il est beau ?
- en **vert** : grâce à quoi Édouard imagine-t-il qu'il est intelligent ?
- en **orange** : grâce à quoi Édouard imagine-t-il être bon nageur ?
- en **violet** : en quoi Édouard est-il le premier ?
- en **jaune** : quelle preuve Édouard trouve-t-il pour croire qu'il est admiré ?

Édouard, le meilleur en tout

Édouard, le narrateur est sûr de lui et ne doute pas d'être le meilleur en tout.

Je suis le meilleur en tout. C'est une question de planètes. [...]

Là-dessus, j'ai bien réfléchi : pour ma beauté c'est Saturne, pour mon intelligence et les bonnes notes c'est Mercure, et si je nage aussi bien c'est sûrement grâce à Neptune. [...]

Pendant le repas du dimanche en famille, [...] c'est drôle, on m'installe toujours très loin en bout de table. Sûrement pour que chacun puisse m'admirer. Mais, du coup, je dois parler plus fort pour me faire entendre.

– Être le meilleur ce doit être triste, pense Joy, ma cousine, alors que nous sortons pour respirer dans le jardin, loin de la fumée des cigarettes.

– C'est surtout triste pour les autres, je réponds en m'étirant presque jusqu'au ciel.

Je crois que je n'aimerais pas être au même niveau que tout le monde.

Joy et moi, nous avons une semaine de différence. Je suis le premier, évidemment, mais nous sommes nés le même mois de la même année. [...] Il paraît que ma tante est entrée à la maternité juste quand maman et moi on en sortait. Maman a laissé les clés de sa chambre et moi, mon berceau tout chaud pour Joy. J'étais déjà un ange.

Le meilleur en tout, Thomas Scotto, © Thierry Magnier, 2015.

Nom : .... Date : ....

1 Caractériser le genre et la structure

1 La structure du genre

Analyse le texte en coloriant les carrés devant les lignes des différentes étapes du récit :

- en **vert** : la situation de départ où tout allait bien,
- en **bleu** : le moment de rupture qui clôt la période où tout allait bien,
- en **jaune** : le groupe de phrases expliquant et justifiant pourquoi Simon se sent nul,
- en **orange** : l'idée originale proposée par la sœur de Simon,
- en **violet** : le groupe de phrases où Simon joue le rôle de professeur,
- en **gris** : les phrases qui font comprendre pourquoi Simon ne veut plus aller au karaté,
- en **rouge** : la chute, la manière dont sera résolu le problème.

Simon, le nul ?

☐ En septembre, mon frère Simon a commencé le karaté. Il en rêvait
☐ depuis qu'il avait deux ans et demi ! Au début, tout allait bien, il
☐ s'entraînait à la maison, mettait tout le temps son kimono et se battait
☐ contre des pulls…
☐ et puis patatras, il a eu envie d'arrêter…
☐ – Je suis nul au karaté. J'y arrive pas…
☐ – Mais non, tu n'es pas nul. Tu vas progresser. Allez zou, on y va !
☐ – Si je suis nul ! J'arrive même pas à faire une prise.
☐ Que voulez-vous, Simon se trouvait de plus en plus nul. Si vous saviez
☐ tout ce qu'on a pu lui dire pour le rassurer… […]
☐ Heureusement un mardi soir, j'ai eu une excellente idée lumineuse :
☐ j'ai proposé à Simon de jouer son cours de karaté pour nous montrer :
☐ il serait le prof et nous les élèves… Il a dit : « ok ! »
☐ – C'est quoi cette position ? Mais tu es vraiment nul ! Tu le fais
☐ exprès ou quoi ? Non, mais dites-moi que je rêve. Qui c'est qui m'a
☐ fichu des empotés pareils !
☐ Quand on a été bien bien K.-O., maman m'a demandé :
☐ – Et toi Simon tu fais quoi quand le prof dit tout ça ?
☐ – Heu… Je reste au fond de la salle.
☐ – Et qu'est-ce qu'il te dit ?
☐ – Bah, que j'y arriverai jamais… que je suis nul… […]
☐ Le lendemain, maman et papa sont allés voir le prof de karaté qui
☐ n'a rien voulu changer à ses méthodes.
☐ Alors ils ont retiré Simon du cours.

« Je suis nul », in *Les petites histoires de Filliofaz*, Isabelle Filliofaz, © Nathan, 2020.

Nom : .... Date : ....

2★ Premiers essais d'écriture

1 Des thèmes

Aide-toi de ces thèmes de textes pour choisir ton thème.

La plus forte en sport
La meilleure héroïne
Excellent en bazar
Bon comédien
Le plus fidèle en amitié
Le plus mignon
« Je suis **un champion** »
« Je suis **le plus fort !** »
Nul en chant
Mauvais en rangement
Incapable de mentir
Pas doué pour chasser les araignées
Le pire en calcul
Le plus affreux
« Je suis **une catastrophe** »
« Je vole **comme une patate !** »

Écris le thème ou le titre de ton texte :

....

2 Des connecteurs

Observe les connecteurs utilisés dans ces phrases.
Puis, remplace-les par un connecteur de ton choix pris dans le tableau.

Je suis la plus courageuse **car** je traverse les forêts sombres toute seule.
Je suis la plus courageuse **puisque** j'ose plonger au fond de la piscine.
Je suis **de plus** la plus courageuse parce que j'utilise toute ma force au judo.
Je suis **aussi** la plus courageuse quand je croise une araignée.

Connecteurs de **cause**	car – étant donné que – parce que – puisque – vu que
Connecteurs d'**addition**	de plus – également – aussi – par ailleurs – d'une part – d'autre part

Je suis la plus courageuse .... je traverse les forêts sombres toute seule.
Je suis la plus courageuse .... j'ose plonger au fond de la piscine.
Je suis .... la plus courageuse parce que j'utilise toute ma force au judo.
Je suis .... la plus courageuse quand je croise une araignée.

3 Le premier jet

Commence à écrire ton propre texte au dos de cette feuille ou sur un cahier.

4 Point d'étape

Finalement, quel est le titre de ton texte ?

....

Dans ton texte, as-tu utilisé des connecteurs ? ☐ OUI ☐ NON

Nom : .... Date : ....

2 Premiers essais d'écriture

1 Un domaine à choisir

Aide-toi de ces domaines pour choisir dans lequel ou lesquels ton personnage est le meilleur ou le plus fragile.

- Un sport
- Une matière de l'école
- Le théâtre
- La musique
- L'aventure
- Les jeux
- Faire des origamis
- Lire à l'envers aussi vite qu'à l'endroit
- Écrire avec les deux mains
- Inventer des objets exceptionnels
- Raconter des blagues
- Ranger ses affaires
- Le courage
- La timidité
- L'amitié
- La solidarité
- La générosité
- La popularité

Écris le domaine que tu choisis pour ton texte :

....

2 Des connecteurs

Coche ce que permettent ces mots du texte produit par une élève.

	Ils permettent d'allonger le texte.	Ils permettent de comparer deux éléments.	Ils permettent de justifier une affirmation.
Les mots en gras	☐	☐	☐
Les mots soulignés	☐	☐	☐

La meilleure héroïne *(texte composé par Louise)*

Je suis la meilleure héroïne de la classe. C'est une question de contes.
J'ai beaucoup réfléchi :
je suis **comme** le Petit Chaperon rouge, car je vais sans peur au parc avec mon goûter.
Je suis **semblable à** la Petite Sirène puisque je vais chercher mes lunettes au fond de la piscine.
Je suis **pareille à** Raiponce parce que j'utilise ma force au judo.
Pourtant, le soir, j'ai peur du noir. Je suis alors championne de la peur des monstres. J'appelle Maman et elle chasse tous ces horribles monstres.
Car, elle, c'est la meilleure héroïne de la nuit.

Surligne des mots et des expressions qui te semblent utiles pour ton propre texte.

3 Le premier jet

Commence à écrire ton propre texte au dos de cette feuille ou sur un cahier.

4 Point d'étape

Finalement, quel domaine as-tu choisi ? ....

As-tu introduit des comparaisons ? ☐ OUI ☐ NON

As-tu introduit des justifications ? ☐ OUI ☐ NON

3★ Les outils pour mieux écrire ton texte

1 Les adjectifs : « je suis fort » / « je suis nul »

Écris la bonne lettre devant les adjectifs qui caractérisent ces ressentis :

F : « je suis fort » **N** : « je suis nul »

X : les adjectifs qui ne caractérisent aucun de ces 2 ressentis

..... arrogant	..... généreux	..... faible	..... méprisant	..... amical
..... respectueux	..... dynamique	..... inutile	..... minable	..... frimeur

2 Des comparaisons

Lis cet extrait de la production d'une élève.

Entoure les petits mots qui introduisent des comparaisons dans chaque phrase indiquée (→)

Colorie tes mots préférés. Tu utiliseras peut-être certains de ces mots dans ton texte.

La meilleure héroïne *(texte composé par Louise)*

Je suis la meilleure héroïne de la classe. C'est une question de contes.

J'ai beaucoup réfléchi :

→ je suis comme le Petit Chaperon rouge, car je vais sans peur au parc avec mon goûter.

→ Je suis semblable à la Petite Sirène puisque je vais chercher mes lunettes au fond de la piscine.

→ Je suis pareille à Raiponce parce que j'utilise ma force au judo.

3 Des répétitions et des désignations

Lis cet extrait de la production d'un élève qui contient des répétitions.

Regarde comment ont été remplacés les mots répétés.

À ton tour, remplace les mots répétés qui ont été barrés.

Le plus mauvais en rangement *(texte composé par Gabriel)*

Texte avec des répétitions	Texte sans répétition
Liam est mauvais, très mauvais,	**Liam** est mauvais, très mauvais,
pour ranger **ses affaires**.	pour ranger **ses affaires**.
~~**Liam**~~ ne trouve jamais ~~**ses affaires**~~.	**Il** ne **les** trouve jamais.
Un mardi, ~~**Liam**~~ avait encore oublié un cahier, comme d'habitude.	Un mardi, **mon copain** avait encore oublié un cahier, comme d'habitude.

Relis ton texte, et remplace si besoin les répétitions qui désignent ton personnage par un autre mot.

4 La production de ton texte

Écris ton texte au dos de cette feuille ou sur un cahier en utilisant certains de ces outils.

5 Point d'étape

As-tu utilisé des comparaisons pour enrichir ton texte ? ☐ OUI ☐ NON

As-tu vérifié qu'il n'y avait pas de répétitions dans ton texte ? ☐ OUI ☐ NON

Nom : .... Date : ....

3 Les outils pour mieux écrire ton texte

1 Des synonymes

Prononce ces groupes et ces phrases en remplaçant le mot souligné par ceux en gras.
Entoure celui qui te semble le meilleur.
À ton tour, remplace ou ajoute des adjectifs ou adverbes pour enrichir ton texte.

La plus méchante des sorcières	tu es vraiment nul !	tous ces horribles monstres
cruelle **maléfique** **ignoble**	**totalement** **réellement**	**redoutables** **effrayants** **terrifiants**

2 Des répétitions et des connecteurs

Lis ce texte réalisé par un élève qui contient plusieurs répétitions.
Regarde comment ont été remplacés les mots répétés.
Relis ton texte, et remplace si besoin les répétitions par des mots proposés ou d'autres de ton choix.

Le plus mauvais en rangement *(texte composé par Gabriel)*

Texte avec des répétitions	Texte sans répétition
Liam est mauvais, très mauvais, pour ranger ses affaires. ~~**Liam**~~ ne trouve jamais ~~**ses affaires**~~.	Liam est mauvais, très mauvais, pour ranger ses affaires. **Il** ne **les** trouve jamais.
Un mardi, Liam avait encore oublié un cahier, comme d'habitude. ~~**Liam**~~ a fouillé dans son cartable, mais ~~**Liam**~~ n'a trouvé que des papiers chiffonnés ~~**et**~~ des mouchoirs et même un vieux biscuit. Un grand bazar ! La maîtresse s'est vraiment fâchée. Ensuite, je suis allée chez ~~**Liam**~~ pour l'aider à chercher son cahier. Il y en avait partout ! On a commencé à fouiller. Liam a trouvé un slip **et** une épée **et** un gant. J'ai ~~**trouvé**~~ une ceinture sous son oreiller.	Un mardi, **il** avait encore oublié un cahier, comme d'habitude. **Mon ami** a fouillé dans son cartable, mais **il** n'a trouvé que des papiers chiffonnés, des mouchoirs et même un vieux biscuit. Un grand bazar ! La maîtresse s'est vraiment fâchée. Ensuite, je suis allée chez **lui** pour l'aider à chercher son cahier. Il y en avait partout ! On a commencé à fouiller. Liam a trouvé un slip **puis** une épée **et enfin** un gant. J'ai **découvert** une ceinture sous son oreiller.

Mais nous n'avons pas trouvé le cahier. Un immense bazar ! Avec tout ça, on s'est mis à jouer aux pirates. Liam a pris des feuilles dans son tiroir. Nous en avons fait des cartes au trésor ! Un plus énorme bazar encore ! Sa maman s'est vraiment mise en colère. Finalement, on n'a pas retrouvé le cahier et j'ai perdu une chaussette. Vraiment, Liam est mauvais en rangement, mais c'est le meilleur pour jouer aux pirates !

3 La production de ton texte

Écris ton texte au dos de cette feuille ou sur un cahier en utilisant certains de ces outils.

4 Point d'étape

As-tu été attentif à utiliser des synonymes qui ont enrichi ton texte ? ☐ OUI ☐ NON

As-tu vérifié qu'il n'y avait pas de répétitions dans ton texte ? ☐ OUI ☐ NON

Nom : .... Date : ....

4★ Relire et enrichir ton texte

1 Une chute en rupture

Dans ces extraits, le personnage change de qualité, en passant de plus nul à plus fort et vice-versa. Si tu le peux, propose dans ton texte un passage qui inverse la vision de départ.

Étape 1 : « Je suis la meilleure héroïne de la classe. »
Étape finale : « Mais le soir, j'ai peur du noir. Je suis championne de la peur des monstres. »

Étape 1 : « Liam est mauvais, très mauvais, pour ranger ses affaires. »
Étape finale : « Vraiment, Liam est mauvais en rangement, mais c'est le meilleur pour jouer aux pirates ! »

Étape 1 : « Je ne suis pas très douée pour écrire des deux mains comme mon meilleur ami. »
Étape finale : « Mais moi, je suis excellent pour écrire des histoires. »

2 La grille de réussite

En relisant le texte que tu as produit, coche les cases de la grille de réussite. Si nécessaire, enrichis ton texte.

CE QUI ÉTAIT ATTENDU :

Un domaine	Tu as choisi si ton personnage était trop fort ou trop nul.	☐ OUI ☐ NON
	En quoi est-il fort ou nul ? :	
Les petits mots	Tu as utilisé **des connecteurs** : car, puisque, etc.	☐ OUI ☐ NON
	Écris ici les petits mots que tu as utilisés :	
Les répétitions	Tu as utilisé des mots pour éviter des répétitions.	☐ OUI ☐ NON
	Écris ici au moins un exemple qui le prouve :	
Une chute	Tu as écrit au moins une phrase de conclusion.	☐ OUI ☐ NON
	Écris ici cette phrase :	
À la fin	Tu as relu pour corriger l'orthographe.	☐ OUI ☐ NON
	Tu as fait attention au soin et à ton écriture.	☐ OUI ☐ NON
Lecture	Tu as fait lire ta production à un camarade.	☐ OUI ☐ NON
	Tu as lu la production d'un camarade.	☐ OUI ☐ NON

Nom : .... Date : ....

4 Relire et enrichir ton texte

1 Une chute originale

Lis ces différentes chutes possibles.
À ton tour, compose une chute originale pour ton texte.

Fin n° 1 : Accentuer la réussite	Étape 1 : « Je suis le meilleur en tout. » Étape finale : « Joy et moi, nous avons une semaine de différence. Je suis le premier, évidemment. J'étais déjà un ange. »
Fin n° 2 : Une conséquence	Étape 1 : « Je suis nul en karaté. » Étape finale : Alors ils ont retiré Simon du cours.
Fin n° 3 : Comique par le changement de point de vue	Étape 1 : « Liam est mauvais, très mauvais, pour ranger ses affaires. » Étape finale : « Vraiment, Liam est mauvais en rangement, mais c'est le meilleur pour jouer aux pirates ! »

2 La grille de réussite

En relisant le texte que tu as produit, coche les cases de la grille critériée.
Si nécessaire, améliore ton texte.

CE QUI ÉTAIT ATTENDU :

Un thème	Explique le thème choisi :	
Les petits mots	Tu as utilisé des connecteurs pour comparer et justifier.	☐ OUI ☐ NON
	Tu as enrichi ton texte par des **adjectifs et adverbes**.	☐ OUI ☐ NON
Les répétitions	Tu as utilisé des mots pour éviter les répétitions.	☐ OUI ☐ NON
Un élément original	Tu as trouvé un élément assez original pour conclure ton texte.	☐ OUI ☐ NON
	Quelle émotion penses-tu que cette conclusion va produire ? ☐ de l'étonnement ☐ de l'amusement ☐ de la terreur ☐ de l'empathie ☐ de la joie	
À la fin	Tu as relu pour corriger l'orthographe.	☐ OUI ☐ NON
	Tu as fait attention au soin et à ton écriture.	☐ OUI ☐ NON
Lecture	Tu as fait lire ta production à un camarade.	☐ OUI ☐ NON
	Tu as lu la production d'un camarade.	☐ OUI ☐ NON
	Quand tu te relis, quel passage de ta production préfères-tu ?	
Satisfaction	Qu'est-ce qui à ton avis est le plus réussi dans ta production ?	

Défi « La métamorphose »

Thème : La métamorphose.

Support : « Gégé la mauvaise tête », in *Le fil à retordre*, C. Bourgeyx, Nathan, 2005.

Genre : Nouvelle.

Résumé : La maîtresse, Mlle Tresse-en-Rond, dit à son élève, Gégé-la-Flemme, qu'il a une tête de cochon. Rentrant chez lui, Gégé-la-Flemme constate devant un miroir que c'est le cas.

Éléments de compréhension à faire identifier :

- Faire identifier l'élément perturbateur, à savoir que la maîtresse dit à son élève qu'il a une tête de cochon, et qu'effectivement c'est le cas lorsqu'il rentre chez lui.
- Expliquer le sens propre et le sens figuré de tête de cochon.
- Souligner l'humour suscité par les jeux de langue en relevant toutes les expressions contenant « tête » pour les expliquer.
- Faire remarquer l'originalité de la chute, à savoir que Gégé-la-Flemme préfère avoir une tête de cochon en le justifiant.

Textes ressources du module :

– « Gégé la mauvaise tête », texte extrait du *Fil à retordre*, Claude Bourgeyx, 2005.

– « Le chat qui parlait », texte extrait du *Chat qui parlait malgré lui*, Claude Roy, 1982.

En complément (ressources à télécharger) :

– Une fiche « compréhension » du texte ressource du défi.

Les incontournables du défi :

– La figure littéraire de la métamorphose réelle ou suggérée

– La théorie de l'esprit : les émotions des personnages

Enrichissements d'écriture travaillés :

– Usage de connecteurs, d'adverbes et d'adjectifs pour enrichir

– Usage de synonymes face aux répétitions

– Rechercher à susciter des émotions chez le lecteur

– La ponctuation expressive

Formulation du défi pour l'élève :

DÉFI « La métamorphose »

Consigne :

À ton tour d'écrire un récit impliquant un être vivant qui se métamorphose suite à un événement, en nous faisant part de ses sentiments.

Contraintes et attendus :

– Produire un dialogue d'au moins 6 lignes (CE1) ou 10 lignes (CE2).

– Seront valorisés les textes :

- qui présenteront un élément conduisant à la métamorphose du personnage,
- qui présenteront le ressenti du personnage,
- qui comporteront une fin originale.

Texte ressource

Gégé la mauvaise tête

La maîtresse, Mlle Tresse-en-Rond accuse ce pauvre Gégé-la-Flemme d'avoir une tête de cochon. Sitôt rentré chez lui, le malheureux se précipite devant une glace pour vérifier. Et qu'est-ce qu'il voit ? Il voit une tête de cochon ! Bien sûr cette affaire le trouble. Elle l'a appelé « tête de cochon » et le voilà avec une tête de cochon. Si elle l'avait appelé « tête d'ange », aurait-il maintenant une tête d'ange sur les épaules ?

Alors Gégé-la-Flemme se prend à rêver... Si on lui avait dit : « Tu as une tête d'oiseau », peut-être pourrait-il voler ? Avec une tête d'œuf, il serait battu comme une omelette, mais ça ne l'enchante pas. Avec une tête de bandit, il oserait attaquer son blanc de poulet à main armée [...]. Une tête à gifles lui vaudrait sans doute quelques marques de doigts sur les joues [...]. Finalement Gégé-la-Flemme se dit qu'il préfère garder sa tête de cochon, que c'est mieux comme ça, parce qu'il aime bien les animaux et que ça ne lui va pas si mal, que ça lui donne belle allure. Les cochons sont sympathiques, plus sympathiques que les mules ! Quelle horreur s'il avait une tête de mule ! Et puis quand on a une tête de cochon, c'est génial : plus la peine de se laver les oreilles ni le groin, plus la peine de manger proprement ! Et ça, c'est le rêve.

« Gégé la mauvaise tête », in *Le fil à retordre*, Claude Bourgeyx, © Nathan, 2005.

Nom : .... Date : ....

1★ Caractériser le genre et la structure

La structure du genre

Analyse le texte en coloriant :

- en **rouge** l'élément supposé déclencheur de la métamorphose,
- en **vert**, le signe de changements dans le corps du chat,
- en **orange**, la réplique qui indique la chute du texte,
- en **bleu** les phrases ou mots répétés dans les dialogues.

Finalement, à qui appartient cette voix qui répète les phrases ou les mots du chat ?

....

Gégé la mauvaise tête

La maîtresse, Mlle Tresse-en-Rond accuse ce pauvre Gégé-la-Flemme d'avoir une tête de cochon. Sitôt rentré chez lui, le malheureux se précipite devant une glace pour vérifier. Et qu'est-ce qu'il voit ? Il voit une tête de cochon ! Bien sûr cette affaire le trouble. Elle l'a appelé « tête de cochon » et le voilà avec une tête de cochon. Si elle l'avait appelé « tête d'ange », aurait-il maintenant une tête d'ange sur les épaules ?

Alors Gégé-la-Flemme se prend à rêver... Si on lui avait dit : « Tu as une tête d'oiseau », peut-être pourrait-il voler ? Avec une tête d'œuf, il serait battu comme une omelette, mais ça ne l'enchante pas. Avec une tête de bandit, il oserait attaquer son blanc de poulet à main armée [...]. Une tête à gifles lui vaudrait sans doute quelques marques de doigts sur les joues [...]. Finalement Gégé-la-Flemme se dit qu'il préfère garder sa tête de cochon, que c'est mieux comme ça, parce qu'il aime bien les animaux et que ça ne lui va pas si mal, que ça lui donne belle allure. Les cochons sont sympathiques, plus sympathiques que les mules ! Quelle horreur s'il avait une tête de mule ! Et puis quand on a une tête de cochon, c'est génial : plus la peine de se laver les oreilles ni le groin, plus la peine de manger proprement ! Et ça, c'est le rêve.

« Gégé la mauvaise tête », in *Le fil à retordre*, Claude Bourgeyx, © Nathan, 2005.

Nom : .... Date : ....

1 Caractériser le genre et la structure

La structure du genre

Analyse le texte en coloriant :
- en **rouge** l'élément supposé déclencheur de la métamorphose,
- en **vert**, la manière dont s'exprime la métamorphose du chat,
- en **orange**, la réplique qui indique la chute du texte.

Finalement, à qui appartient cette voix qui répète les phrases ou les mots du chat ?

....

Explique le sens du titre de ce texte :

....

Le chat qui parlait malgré lui

Gaspard la flaira, la mâcha, la mâchouilla et finalement la mangea. En avalant l'herbe, il se sentit traversé par une espèce d'électricité bizarre, qui passait de sa bouche à son estomac.

Une seconde plus tard, un papillon voleta près de ses moustaches et Gaspard, pendant qu'il sautait pour l'attraper, entendit une petite voix qui ressemblait au son d'un petit violon de poupée. Cette petite voix disait :

« Toi, mon vieux, si je t'attrape, je te mange ! »

« Qui a parlé ? » se dit Gaspard en regardant autour de lui. Il ne vit personne, mais il entendit une petite voix prononcer tout haut ce qu'il avait pensé tout bas : « Qui a parlé ? »

« Personne n'a parlé, puisqu'il n'y a personne », se dit Gaspard. Et au même instant, il entendit la petite voix, qui ressemblait au son d'un tout petit violon de poupée. La petite voix disait :

« Personne n'a parlé puisqu'il n'y a personne. » [...]

En entendant ces mots, Gaspard eut soudain l'impression qu'une ampoule électrique de 500 watts s'allumait dans sa tête. « J'ai une illumination », se dit-il.

L'illumination de Gaspard illuminait cette idée très simple : « Si quelqu'un parle et qu'il n'y a personne, que moi, c'est donc que quelqu'un parle et que ce quelqu'un c'est moi ! »

Le chat qui parlait malgré lui, Claude Roy, © Gallimard.

Nom : .... Date : ....

2★ Premiers essais d'écriture

1 Les métamorphoses dans des histoires

Voici quelques métamorphoses célèbres trouvées dans des histoires et des mythes.

Colorie la case correspondant au personnage qui a réalisé la métamorphose :

BLEU une fée — **ORANGE** une sorcière — **ROUGE** un dieu

VERT la nature — **GRIS** on ne sait pas

Écris la lettre de la raison qui a amené à la métamorphose :

- A pour aider
- B à cause d'une jalousie
- C par pure méchanceté
- D pour avoir désobéi
- E pour avoir été irrespectueux
- F pour avoir menti

■ A	Dans Cendrillon, une fée métamorphose une citrouille en carrosse.	☐ ☐	Samuel est métamorphosé en arbre après avoir désobéi en avalant des graines interdites.
☐ ☐	Un prince a été métamorphosé en grenouille par la pure méchanceté d'une sorcière.	☐ ☐	Pinocchio fut métamorphosé en âne, car il ne voulait ni travailler ni obéir.
☐ ☐	Un prince fut métamorphosé en bête hideuse pour ne pas avoir cru aux pouvoirs magiques d'une fée.	☐ ☐	La jeune Hirundo a couru plus vite que le dieu Mercure qui par jalousie l'a métamorphosée en hirondelle.
☐ ☐	Parce qu'il est méchant et désobéissant, Max voit sa chambre se métamorphoser en forêt où vivent des Maximonstres.	☐ ☐	Parce qu'il a été particulièrement cruel, chaque nuit de pleine lune, un homme est métamorphosé en loup-garou.

2 Un personnage métamorphosé

Suis le chemin de ton choix avec ton doigt pour métamorphoser le personnage.

À ton tour, choisis un personnage et écris une métamorphose possible.

Un chat
Un cheval
Un lièvre

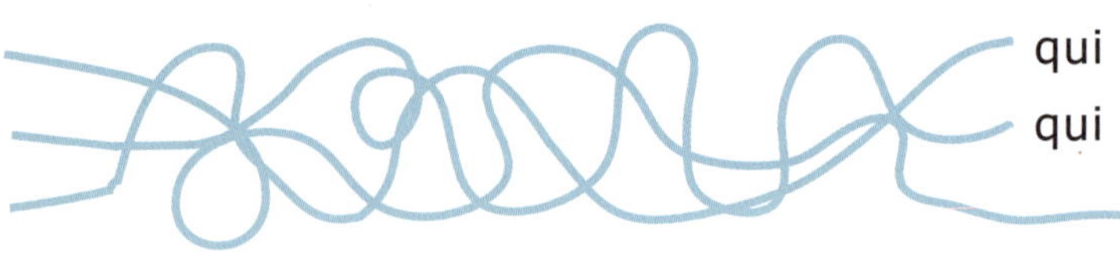

qui lit
qui vole
qui chante

La maîtresse
Une sorcière
Un élève

a une tête de moineau
devient un crapaud
se métamorphose en prince

3 Le premier jet

Choisis un thème et commence à écrire ton propre texte au dos de cette feuille ou sur un cahier.

4 Point d'étape

As-tu proposé une métamorphose ? ☐ OUI ☐ NON

As-tu imaginé la raison de cette métamorphose ? ☐ OUI ☐ NON

Nom : .... Date : ....

2 Premiers essais d'écriture

1 Les métamorphoses dans des histoires

Voici quelques métamorphoses célèbres trouvées dans des histoires et des mythes.

Colorie la case correspondant au personnage qui a réalisé la métamorphose :

BLEU : une fée **ORANGE** : une sorcière **ROUGE** : un dieu, une déesse
VERT : la nature **VIOLET** : une sirène **GRIS** : on ne sait pas

Écris la lettre de la raison qui a amené à la métamorphose :

- A pour aider
- B à cause d'une jalousie
- C par pure méchanceté
- D pour avoir été trop fier de soi
- E pour avoir été irrespectueux
- F par amour
- G par protection
- H par admiration
- I pour avoir désobéi
- J pour avoir menti

Couleur	Lettre	Métamorphose	Couleur	Lettre	Métamorphose
■	A	Dans Cendrillon, une fée métamorphose une citrouille en carrosse.	☐	☐	Ascalaphos fut métamorphosé en hibou par la déesse Déméter, car il avait colporté des mensonges.
☐	☐	Lorsqu'il ment, le nez de Pinocchio s'allonge.	☐	☐	Pinocchio fut métamorphosé en âne, car il ne voulait ni travailler ni obéir.
☐	☐	Arachnée fut métamorphosé en araignée par la déesse Pallas pour avoir rivalisé avec elle dans l'art du tissage.	☐	☐	Une statue de pierre est si belle que la déesse Aphrodite la métamorphose en une femme : Galatée.
☐	☐	Un prince fut métamorphosé en bête hideuse pour ne pas avoir cru aux pouvoirs magiques d'une fée.	☐	☐	Samuel est métamorphosé en arbre après avoir désobéi en avalant des graines interdites.
☐	☐	La nymphe Scylla qui se pensait trop belle a été métamorphosée en monstre marin par une sirène.	☐	☐	Callisto fut métamorphosée en étoile afin de ne pas être atteinte par la flèche de la déesse Diane.
☐	☐	La jeune Hirundo a couru plus vite que le dieu Mercure qui par jalousie l'a métamorphosée en hirondelle.	☐	☐	Midas fut métamorphosé en âne, car il n'avait pas assez apprécié la musique du dieu Appolon.
☐	☐	Parce qu'il est méchant et désobéissant, Max voit sa chambre se métamorphoser en forêt où vivent des Maximonstres.	☐	☐	Parce qu'il a été particulièrement cruel, chaque nuit de pleine lune, un homme est métamorphosé en loup-garou.
☐	☐	Le pantin de bois Pinocchio est métamorphosé en vrai petit garçon grâce à l'amour de son père.	☐	☐	Un prince a été métamorphosé en grenouille par la pure méchanceté d'une sorcière.

2 Le premier jet

Choisis un thème et commence à écrire ton propre texte au dos de cette feuille ou sur un cahier.

3 Point d'étape

As-tu proposé une métamorphose ? ☐ OUI ☐ NON

As-tu choisi la victime et celui qui a réalisé la métamorphose ? ☐ OUI ☐ NON

As-tu imaginé la raison de cette métamorphose ? ☐ OUI ☐ NON

Nom : .... Date : ....

Défi 14

La métamorphose

3★ Les outils pour mieux écrire ton texte

1 Des étapes et des connecteurs

Observe les connecteurs soulignés qui indiquent les différentes étapes du texte. À ton tour, complète les phrases en pensant au personnage que tu souhaites métamorphoser dans ton texte.

Cot cot cot ! *(extrait d'un texte composé par Romane)*

Mon cousin Albert me dit :

– Qu'est-ce que tu fais bien le poulet ! Ce serait chouette que tu en sois un !

Et, là, tout à coup, j'ai senti une étrange sensation.

J'ai vu alors mes bras se rétrécir, tout comme mes jambes.

J'ai ensuite eu très chaud, car des plumes sortaient de ma peau.

C'était sans tenir compte de ma taille, car j'étais maintenant tout petit.

Cédric panique et hurle un terrible « cot cot cot » !

À ce moment-là, le père de Cédric entre. Après avoir regardé la poule, il dit avec un sourire en coin :

– À table ! Ce soir, on mange du poulet !

Et là, tout à coup, ...

Alors, ...

Ensuite, ...

C'était sans tenir compte de .... car ....

2 Des mots pour des émotions

Lis ces phrases dont des mots ont été remplacés par d'autres suscitant la même émotion plus fortement.

J'étais alors **très surprise** de ce qui se passait.
J'étais alors **médusée** par ce qui se passait.

J'étais si mécontent d'être un chat.
J'étais exaspéré d'être un chat.

J'étais triste, car j'allais brouter de l'herbe toute ma vie.
J'étais abattu, car j'allais brouter de l'herbe toute ma vie.

Ajoute ou remplace dans ton texte des mots pour souligner l'émotion du personnage.

la peur	s'inquiéter – craindre – s'affoler – s'effrayer – paniquer – être horrifié – être terrorisé
la surprise	surpris – interloqué – étonné – ébahi – stupéfait – ahuri – médusé – pétrifié
la colère	mécontent – agacé – irrité – fâché – furieux – en rage – exaspéré – offusqué
la tristesse	morose – triste – affligé – abattu – en pleurs – désespéré – pitoyable

3 La production de ton texte

Écris ton texte au dos de cette feuille ou sur un cahier en utilisant certains de ces outils.

4 Point d'étape

As-tu pensé à ajouter des petits mots à chaque étape ? ☐ OUI ☐ NON

As-tu pensé à enrichir le vocabulaire ? ☐ OUI ☐ NON

Nom : .... Date : ....

3 Les outils pour mieux écrire ton texte

1 La production d'un élève

Surligne des mots et des expressions qui te semblent utiles pour ton propre texte.
Lis la chute (la dernière phrase). Coche l'émotion qu'elle a produit sur toi, lecteur.

☐ un étonnement ☐ de la terreur ☐ de la colère ☐ un rire

À table *(texte composé par Romane)*

Mon cousin Albert et moi regardions le film « Les poulets de l'espace ».
Mon cousin Albert me dit :
– Qu'est-ce que tu fais bien le poulet ! Ce serait chouette que tu en sois un !
Et, là, tout à coup, j'ai senti une étrange sensation.
J'ai vu alors mes bras se rétrécir, tout comme mes jambes.
J'ai ensuite eu très chaud, car des plumes sortaient de ma peau.
C'était sans tenir compte de ma taille, car j'étais maintenant tout petit.
Je panique et je hurle un terrible « cot cot cot » !
À ce moment-là, mon père est arrivé. Après avoir regardé la poule, il dit avec un sourire en coin :
– À table ! Ce soir, on mange du poulet !

2 Une phrase pour conclure

Lis ces étapes finales d'un même texte. Choisis et ajoute une phrase pour conclure ton texte.

La joie :
Maintenant, je ne suis plus réellement un cheval, car je vole comme un oiseau.
Et je vous le dis : j'adore ça…

Le rêve :
Je suis ravi d'être un oiseau puisque je peux voler très vite. Et ça, c'est le rêve !

La tristesse :
Maintenant, je suis condamné à manger des vers de terre. Quel malheur !

3 La cohérence des temps

Relie chaque début de phrase à sa fin en respectant le temps employé (présent, passé).
À ton tour, vérifie que tu as écrit ton texte au passé ou au présent sans mélanger les temps.

Il n'arrivait pas à atteindre le réveil, car •	• ses bras ont été remplacés par des ailes.
Il n'arrive pas à atteindre le réveil, car •	• ses bras avaient été remplacés par des ailes.
J'ai alors senti ma tête toucher le sol •	• et mon corps entier commence à rouler comme un ballon.
Je sens alors ma tête toucher le sol •	• et mon corps entier a commencé à rouler comme un ballon.

4 La production de ton texte

Écris ton texte au dos de cette feuille ou sur un cahier en utilisant certains de ces outils.

5 Point d'étape

As-tu trouvé une chute à ton texte ? ☐ OUI ☐ NON
As-tu fait attention à la concordance du temps des verbes ? ☐ OUI ☐ NON

4★ Relire et enrichir ton texte

1 Ponctuation, rythme et émotion

Observe l'émotion suscitée par la ponctuation qui joue un rythme.
À ton tour, ponctue ton texte pour que les émotions correspondent à ce que tu souhaites susciter.

Un cheval qui vole ! *(texte composé par Lucia)*

Sérénité : J'ai commencé à brouter et j'ai vu une magnifique herbe bleue. Elle était étrange, mais délicieuse. Ma cavalière m'a emmené faire une promenade. Plus je trottais, plus j'avais l'impression de me sentir légère. Puis j'ai commencé à sentir le vent. Ensuite la forêt est devenue petite.
Peur : C'est alors que ma cavalière a poussé un grand cri ! J'ai penché la tête vers le sol et j'ai henni de terreur ! Nous étions dans le ciel ! Mais bientôt nous avons commencé à chuter vers le sol !
Soulagement : Heureusement deux grandes ailes sont apparues ! J'ai pu nous sauver !
Sérénité : Maintenant, je ne suis plus réellement un cheval, car je vole comme un oiseau. Et je vous le dis : j'adore ça...

2 La grille de réussite

En relisant le texte que tu as produit, coche les cases de la grille de réussite.
Si nécessaire, enrichis ton texte.

CE QUI ÉTAIT ATTENDU :

Une métamorphose	Tu as mis en scène un personnage qui se métamorphose.	☐ OUI ☐ NON
	Écris ici le personnage et sa métamorphose :	
Les petits mots de liaison	Tu as utilisé **différents connecteurs** : Tout à coup, puis, enfin, etc.	☐ OUI ☐ NON
	Écris ici les petits mots que tu as utilisés pour marquer les étapes :	
Une chute	Tu as trouvé une conclusion pour ton texte.	☐ OUI ☐ NON
	Écris ici la phrase de conclusion de ton texte :	
Les synonymes	Tu as ajouté ou supprimé des mots pour renforcer les émotions de ton personnage.	☐ OUI ☐ NON
	Écris les mots utilisés :	
À la fin	Tu as relu pour corriger l'orthographe.	☐ OUI ☐ NON
	Tu as fait attention au soin et à ton écriture.	☐ OUI ☐ NON
Lecture	Tu as fait lire ta production à un camarade.	☐ OUI ☐ NON
	Tu as lu la production d'un camarade.	☐ OUI ☐ NON

Nom : .... Date : ....

4 Relire et enrichir ton texte

1 La description de la métamorphose

Lis ces morceaux de textes qui décrivent l'action de la métamorphose sur le corps.
À ton tour, ajoute dans ton texte des éléments sur l'action de la métamorphose sur le corps.

Il se sentit traversé par une espèce d'électricité bizarre, qui passait de sa bouche à son estomac.	Une petite voix qui ressemblait au son d'un petit violon de poupée.
J'ai vu alors mes bras se rétrécir, tout comme mes jambes.	J'ai ensuite eu très chaud, car des plumes sortaient de ma peau.
Il eut ensuite très chaud, car des plumes sortaient de sa peau.	Il était maintenant tout petit.
Heureusement deux grandes ailes sont apparues !	J'avais l'impression de me sentir légère.

2 La grille de réussite

En relisant le texte que tu as produit, coche les cases de la grille critériée.
Si nécessaire, améliore ton texte.

CE QUI ÉTAIT ATTENDU :

Une métamorphose	Tu as mis en scène un personnage qui se métamorphose.	☐ OUI ☐ NON
La cohérence des temps	Tu as utilisé le même temps pour écrire ton texte (à l'exception des dialogues).	☐ OUI ☐ NON
La cause	Le lecteur comprend les raisons de cette métamorphose.	☐ OUI ☐ NON
Le coupable	Le lecteur connaît le responsable de cette métamorphose.	☐ OUI ☐ NON
La métamorphose du corps	Tu as décrit la métamorphose du corps de la victime.	☐ OUI ☐ NON
Un élément original	Tu as trouvé un élément assez original pour conclure ton texte.	☐ OUI ☐ NON
À la fin	Tu as relu pour corriger l'orthographe.	☐ OUI ☐ NON
	Tu as fait attention au soin et à ton écriture.	☐ OUI ☐ NON
Lecture	Tu as fait lire ta production à un camarade.	☐ OUI ☐ NON
	Tu as lu la production d'un camarade.	☐ OUI ☐ NON
	Quand tu te relis, quel passage de ta production préfères-tu ?	

Défi « Un objet magique et fantastique »

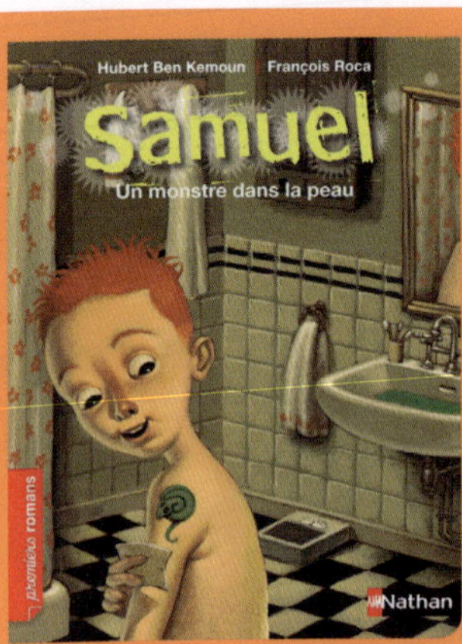

Thème : Un objet du quotidien magique.

Support : Extrait de *Samuel, Un monstre dans la peau*, Hubert Ben Kemoun, Nathan, 2013.

Genre : Roman.

Résumé : Samuel vient de trouver dans son paquet de céréales un tatouage à l'eau représentant le Grand Cobra Magique. Ravi, il se colle le tatouage sur l'épaule. À peine collé, sa peau commence étrangement à le démanger, le tatouage semble vivant.

Éléments de compréhension à faire identifier :

- Faire identifier que l'élément perturbateur est le tatouage d'un cobra trouvé dans un paquet de céréales.
- Faire remarquer les éléments étranges qui plongent progressivement les lecteurs dans le fantastique : la sensation que le cobra est réel, le cobra dressé sur l'épaule qui hypnotise l'ami du personnage principal.
- Faire remarquer les émotions suscitées par le texte : la joie puis progressivement l'inquiétude.

Textes ressources du module :

– « Le Grand Cobra Magique », extrait de *Samuel, Un monstre dans la peau*, Hubert Ben Kemoun.
– « Le sac à sorcière », extrait du *Sac à sorcière*, Agnès de Lestrade.

En complément (ressources à télécharger) :

– Une fiche « compréhension » du texte ressource du défi.

Les incontournables du défi :

– Un objet du quotidien qui détient des pouvoirs magiques
– Cohérence entre l'objet d'un quotidien réel qui produit des effets étranges pour basculer du réel au fantastique

Enrichissements d'écriture travaillés :

– Usage de connecteurs
– Les temps verbaux : présent, passé
– Les adjectifs des émotions
– Les adverbes
– Les substituts du nom, la chaine anaphorique

Formulation du défi pour l'élève :

DÉFI « Un objet magique et fantastique »

Consigne :

À l'aide du texte source « Le Grand Cobra Magique », écris un texte qui présentera un objet réel qui a des pouvoirs surnaturels.

Contraintes et attendus :

– Produire au moins 6 lignes (CE1) ou 10 lignes (CE2).
– Seront valorisés les textes :

- qui présenteront un objet réel,
- qui présenteront les pouvoirs étranges de l'objet choisi,
- qui se termineront par une chute originale,
- qui susciteront l'émotion du lecteur.

Texte ressource

Le Grand Cobra Magique

Dans certaines boîtes de céréales, on trouvait des tatouages de fleurs, de voiture de sport ou des portraits de vedettes de la chanson, mais aucun de nous n'avait encore réussi à dénicher dans son paquet de cornflakes le Grand Cobra Magique. [...]

Je n'y pensais pas trop jusqu'à ce qu'un dimanche matin je découvre, dans mon paquet de « flapi Flakes », la pièce rarissime. [...]

Enroulé sur lui-même, la gueule appuyée sur sa queue, l'animal semblait dormir. Il était deux fois plus grand que les tatouages auxquels nous étions habitués.

Tout nu devant la glace de la salle de bain, je réfléchissais depuis un moment à l'endroit où j'allais bien pouvoir coller cette merveille. [...] J'ai choisi mon épaule gauche. Je trouvais que cela pouvait me donner l'allure d'un pirate arborant fièrement son perroquet insolent et d'un seul petit tour de la tête je pouvais me retrouver nez à nez avec lui. [...]

Je l'ai regardé avant d'enfourcher mon vélo. Il était là, parfaitement en place, sa gueule tournée vers mon cou. Je me suis amusé à le faire bouger en roulant mon épaule. C'était étonnant comme impression, on l'aurait cru vivant tant le dessin était ressemblant.

J'ai foncé vers la Saponne[1]. Lionel m'attendait. [...]

– Regarde ! j'ai dit en retirant mon tee-shirt.

– Tu... tu l'as eu ! C'est toi qui l'as eu ! ? [...] Il est magnifique ! Regarde comme ses écailles brillent au soleil, et ses crocs, t'as vu les crocs qu'il a ? C'est dingue !

J'ai jeté un coup d'œil inquiet à mon épaule. Un frisson glacé m'a parcouru de part en part. Non seulement il ne dormait pas, ses yeux étaient effectivement ouverts, mais deux redoutables crochets acérés émergeaient de sa gueule ouverte.

– T'as du bol, Sam, a dit Lionel d'une voix un peu sourde.

Il fixait toujours mon épaule.

Un drôle de regard Lionel... des yeux ronds comme des agates... [...]

Le Cobra s'était dressé sur mon épaule. Sorti de son dessin, il vacillait de gauche à droite. Tout doucement un sifflement léger montait près de mon oreille l'animal était en train d'hypnotiser mon ami !

Samuel, Un monstre dans la peau, Hubert Ben Kemoun, © Nathan, 2013.

1. Une rivière où les enfants aiment se retrouver pour jouer.

Nom : .... Date : ....

1★ Caractériser le genre et la structure

La structure du genre

Analyse le texte en coloriant : - en **rouge**, l'objet magique,
- en **vert**, les éléments qui ne sont pas réels,
- en **bleu**, la chute.

Un sac à sorcière

Et je lis la lettre :
« Chère Lili, ceci est un sac à sorcière. Dedans, tu trouveras toutes les informations sur son utilisation.
Je t'embrasse très fort.
Ton parrain. » [...]
Dès que le repas est terminé, je plonge sous ma couette et j'attrape le papier plié en quatre.
« Ceci est un sac à sorcière. Prends la petite sorcière délicatement dans ta main et prononce un vœu au creux de son oreille, ensuite, place la sorcière sous ton oreiller. Demain ton vœu sera exaucé. »
Mon vœu le plus cher, c'est d'avoir une petite sœur, comme Sophia, ma meilleure copine. Aussi, je murmure :
– Donne-moi une petite sœur. [...]
Le mardi matin, quand maman me réveille, j'aperçois quelque chose qui gigote dans ses bras.
Je me frotte les yeux et le truc se met à pleurer.
– Lili, dit maman, ta petite sœur est d'accord avec moi. Il est temps de te lever !
Maman a bien dit ta petite sœur ! Mais alors, la sorcière est vraiment magique ?
Je me lève d'un bond et m'approche de ma petite sœur. Ses mains sont minuscules. Je caresse sa joue et elle me fait le plus beau sourire du monde. [...]
– Tu sais, ma puce, demain, je te présenterai Sophia. Tu lui feras plein de sourires, pas vrai ?
Le soir, en m'endormant, je pense que demain sera la plus belle des journées.
Le mercredi matin, maman entre dans la chambre.
– Debout Lili !
Je bâille.
– Tu peux mettre Joséphine dans mon lit ? dis-je en ouvrant les yeux.
– Quelle Joséphine ? demande maman.
– Joséphine ! Ma petite sœur !
Maman s'assied sur le bord de mon lit et pose sa main sur mon front.
– Tu te sens bien, ma chérie ?
Sans répondre, je bondis et je cours dans la chambre de Joséphine. À la place du berceau il y a le bureau de maman avec son ordinateur. Mais aucune trace de Joséphine. Je me précipite sur le sac à sorcière et je relis le papier. J'aperçois une phrase, en bas de la feuille, écrite en tout petit :
« Ton vœu sera exaucé pour une journée seulement. Alors profites-en ! »

Extrait du *Sac à sorcière*, Agnès de Lestrade, © Nathan, 2013.

DE TEMPS ? Réalise le même travail sur le texte « Le Grand Cobra Magique ».

Nom : .... Date : ....

1 Caractériser le genre et la structure

La structure du genre

a) Analyse le texte en coloriant : - en **rouge**, l'objet magique,
- en **vert**, les éléments qui ne sont pas réels,
- en **bleu**, la chute,
- en **orange**, la victime de l'objet magique.

b) Trace un trait entre chaque étape du récit. Puis donne un titre à chaque de ces étapes.

Un sac à sorcière

Et je lis la lettre :

« Chère Lili, ceci est un sac à sorcière. Dedans, tu trouveras toutes les informations sur son utilisation.

Je t'embrasse très fort.

Ton parrain. » [...]

Dès que le repas est terminé, je plonge sous ma couette et j'attrape le papier plié en quatre.

« Ceci est un sac à sorcière. Prends la petite sorcière délicatement dans ta main et prononce un vœu au creux de son oreille, ensuite, place la sorcière sous ton oreiller. Demain ton vœu sera exaucé. »

Mon vœu le plus cher, c'est d'avoir une petite sœur, comme Sophia, ma meilleure copine. Aussi, je murmure :

– Donne-moi une petite sœur. [...]

Le mardi matin, quand maman me réveille, j'aperçois quelque chose qui gigote dans ses bras.

Je me frotte les yeux et le truc se met à pleurer.

– Lili, dit maman, ta petite sœur est d'accord avec moi. Il est temps de te lever !

Maman a bien dit ta petite sœur ! Mais alors, la sorcière est vraiment magique ?

Je me lève d'un bond et m'approche de ma petite sœur. Ses mains sont minuscules.

Je caresse sa joue et elle me fait le plus beau sourire du monde. [...]

– Tu sais, ma puce, demain, je te présenterai Sophia. Tu lui feras plein de sourires, pas vrai ?

Le soir, en m'endormant, je pense que demain sera la plus belle des journées.

Le mercredi matin, maman entre dans la chambre.

– Debout Lili !

Je bâille.

– Tu peux mettre Joséphine dans mon lit ? dis-je en ouvrant les yeux.

– Quelle Joséphine ? demande maman.

– Joséphine ! Ma petite sœur !

Maman s'assied sur le bord de mon lit et pose sa main sur mon front.

– Tu te sens bien, ma chérie ?

Sans répondre, je bondis et je cours dans la chambre de Joséphine. À la place du berceau il y a le bureau de maman avec son ordinateur. Mais aucune trace de Joséphine. Je me précipite sur le sac à sorcière et je relis le papier. J'aperçois une phrase, en bas de la feuille, écrite en tout petit :

« Ton vœu sera exaucé pour une journée seulement. Alors profites-en ! »

Le Sac à sorcière, Agnès de Lestrade, © Nathan, 2013.

DE TEMPS ? Réalise le même travail sur le texte de référence « Le Grand Cobra Magique ».

Nom : .... Date : ....

2★ Premiers essais d'écriture

1 Des objets et des pouvoirs

Aide-toi de ces objets du quotidien et des pouvoirs magiques pour choisir les tiens.

- **Stylo** : tout ce qu'il écrit devient réel
- **Montre** pour arrêter le temps
- **Trousse** pour changer de monde
- **Livre** pour vivre dans un conte
- **Lunettes** pour voir à travers les murs
- **Cape** qui rend invisible
- **Chaussettes** pour flotter dans les airs
- **Armoire** pour obtenir tout objet voulu

Écris l'objet que tu choisis et ses pouvoirs magiques :

....

2 Des étapes et des connecteurs

Récris ces phrases issues de la production d'une élève en utilisant les connecteurs de ton choix.

Commencer	Pertuber	Enchainer	Conclure
Ce jour-là,	Soudain,	Ensuite,	Finalement,
Il était une fois,	Tout à coup,	Puis,	Enfin,
Un jour,	Brusquement,	Après cela,	À la fin,
Dès le départ,	En un instant,	Plus tard,	Alors,
Par un beau jour d'été,	Brutalement,	Le lendemain,	Ainsi,

La trousse magique

(texte de Mariam)

Le vendredi des vacances, j'étais sur le chemin de l'école en train de rêver.

....

C'est sûr, j'allais être en retard à l'école !

....

Quand tout à coup, je me suis sentie aspirée par ma trousse !

....

Puis il y a eu un grand silence, à part le bruit du zip de la trousse.

....

Finalement, je me suis retrouvée en classe, assise à ma petite place.

....

À côté de moi, Léa a dit : « Elle est trop belle ta nouvelle trousse. »
Alors, rapidement je lui ai répondu : « Tu la veux ? Je te la donne !
Si, j'insiste ! »

....

3 Le premier jet

Commence à écrire ton propre texte au dos de cette feuille ou sur un cahier.

4 Point d'étape

Finalement, quels sont l'objet et le pouvoir choisi ? ....

Dans ton texte, as-tu utilisé des mots qui marquent les étapes ? ☐ OUI ☐ NON

2 Premiers essais d'écriture

1 La production d'un élève

Surligne des mots et des expressions qui te semblent utiles pour ton propre texte.

Un rêve à dormir debout

(texte composé par Irène)

Ce jour-là, j'étais sur le chemin de l'école, en train de rêver. J'étais impatiente de montrer ma nouvelle trousse à mes copines. Je suis finalement arrivée en retard à l'école. Je me suis vite dépêchée de sortir ma magnifique trousse, puis j'ai mis ma main dedans, à la recherche de mon stylo bleu.

Tout à coup, je me suis sentie comme aspirée. Je me suis retrouvée dans un étrange endroit. Tout était en noir et blanc. Une femme en robe à paillettes m'a demandé pourquoi j'étais habillée si bizarrement. J'étais très surprise. Je portais un jean pourtant.

Derrière elle, j'ai aperçu un monsieur avec une moustache qui marchait étrangement… Mais… Mais c'était Charlie Chaplin ! Il avait sa célèbre canne et son chapeau melon ! Il a trébuché sur une jolie trousse anormale. C'était MA trousse !

Je l'ai ramassée et j'ai mis ma main dedans. En un instant, je me suis retrouvée assise en classe. La maîtresse était en train de dire qu'on allait regarder un film avec Charlie Chaplin. Le film commençait et j'ai alors reconnu la dame avec la robe à paillettes. J'avais sûrement rêvé. Pourtant sur ma trousse… sale, il y avait… une paillette !

2 Des verbes conjugués au présent ou au passé

Colorie les verbes à la forme que tu souhaites.

Attention, une fois le premier verbe colorié, tu dois choisir la même forme : présent ou passé.

Ce vendredi, → j'étais / je suis / j'ai été → en classe.
← *temps du passé* / ← *présent* / ← *passé composé*

En touchant ma trousse, → je me sentis / je me sens / je me suis sentie → comme aspirée.
← *temps du passé* / ← *présent* / ← *passé composé*

La dame → me sourit / me sourit / m'a souri → puis, elle → se retourna / se retourne / s'est retournée → vers l'hôtel.
← *temps du passé* / ← *présent* / ← *passé composé*

3 Le premier jet

Commence à écrire ton propre texte au dos de cette feuille ou sur un cahier.

4 Point d'étape

Finalement, quel effet a le pouvoir de ton objet ? ....

Dans ton texte, as-tu harmonisé le temps des verbes ? ☐ OUI ☐ NON

3★ Les outils pour mieux écrire ton texte

1 Des émotions

Lis le texte « Un rêve à dormir debout » écrit par une élève.
À quoi servent les mots soulignés ?

☐ Ils sont indispensables aux phrases, on ne peut pas les supprimer.

☐ Ils sont là pour apporter des détails importants et indiquer une émotion : la surprise.

À quoi servent la ponctuation et le mot en gras ?

☐ Ils indiquent une émotion : la surprise ou le doute.

☐ Ils indiquent une émotion : la sérénité.

Un rêve à dormir debout

(texte composé par Irène)

Ce jour-là, j'étais sur le chemin de l'école, en train de rêver. J'étais impatiente de montrer ma nouvelle trousse à mes copines. Je suis finalement arrivée en retard à l'école. Je me suis dépêchée de sortir ma magnifique trousse, puis j'ai mis ma main dedans, à la recherche de mon stylo bleu.

Tout à coup, je me suis sentie comme aspirée. Je me suis retrouvée dans un étrange endroit. Tout était en noir et blanc. Une femme en robe à paillettes m'a demandé pourquoi j'étais habillée si bizarrement. J'étais très surprise. Je portais un jean pourtant.

Derrière elle, j'ai aperçu un monsieur avec une moustache, qui marchait étrangement... Mais... Mais c'était Charlie Chaplin ! Il avait sa célèbre canne et son chapeau melon ! Il a trébuché sur une trousse anormale. C'était **MA** trousse !

Je l'ai ramassée et j'ai mis ma main dedans. En un instant, je me suis retrouvée assise en classe. La maîtresse était en train de dire qu'on allait regarder un film avec Charlie Chaplin. Le film commençait et j'ai alors reconnu la dame avec la robe à paillettes. J'avais sûrement rêvé. Pourtant sur ma trousse... sale, il y avait... une paillette !

2 Les émotions en adjectifs

Lis ces listes d'adjectifs permettant de renforcer une émotion.
Entoure ce genre d'adjectifs dans le texte « Le Grand Cobra Magique ».
Puis, ajoutes-en dans ton texte en utilisant la liste ou d'autres de ton choix.

Peur	Surprise	Colère	Tristesse	Joie
effroyable	étrange	exaspérant/-e	douloureux/-se	souriant/-e
effrayant/-e	inhabituel/-le	agaçant/-e	contrariant/-e	drôle
inquiet/-e	curieux/-se	méprisant/-e	vexant/-e	comique
monstrueux/-se	extraordinaire	énervant/-e	désagréable	plaisant/-e
terrible	étonnant/-e	provoquant/-e	malheureux/-se	charmant/-e

3 La production de ton texte

Écris ton texte au dos de cette feuille ou sur un cahier en utilisant certains de ces outils.

4 Point d'étape

As-tu utilisé des mots ou ponctuation qui suscitent une émotion ? ☐ OUI ☐ NON

Nom : .... Date : ....

3 Les outils pour mieux écrire ton texte

1 Le vocabulaire des émotions

Lis ces listes.
À ton tour, remplace ou ajoute des mots de ton choix pour enrichir ton texte.

Joie	Surprise	Peur	Doute
joyeux/-se	ahuri/-e	peureux/-se	incertain/-e
joyeusement	médusé/-e	paniqué/-e	douteux/-se
enthousiaste	abasourdi/-e	craindre	suspect/-e
heureux/-se	stupéfait/-e	terrorisée/-e	étrange
sourire	étonné/-e	sueurs froides	troublant/-e
rire	écarquiller les yeux	pâleur	confus/-e
gaieté	sursauter	trembler	hésitant/-e

2 Les adverbes

Lis ce texte réalisé par une élève qui contient des adverbes qui enrichissent son écrit.

Des biscuits

(texte composé par Imad)

J'avais dix ans à l'époque. J'étais en train de lire un livre dans ma chambre. **Quand, soudain**, les aiguilles de l'horloge se sont mises à tourner dans tous les sens. Tout à coup, un **très** grand tourbillon m'a aspiré. Puis il m'a **brutalement** déposé devant un manoir **particulièrement** sinistre.

Une silhouette est apparue : « Bonsoir, je vous attendais pour passer à table. » C'était un homme **étonnamment** mince, avec des grands yeux noirs. Son teint était aussi blanc que de la neige. **Franchement**, je me suis **vraiment** régalé. **Alors**, j'ai mis quelques biscuits dans ma poche pour mon voyage retour. **Mais** quand j'ai voulu partir, je ne pouvais plus bouger ! Des crocs redoutables sont sortis de la bouche de l'homme. Je me préparai à **énormément** souffrir, **alors** j'ai fermé les yeux.

– Debout ! Il faut **vite** te réveiller ! Tu vas être en retard à l'école !

Que faisait la voix de ma mère dans ce manoir ? J'ai ouvert les yeux et j'étais dans mon lit ! Je me suis levé, **extrêmement** soulagé, car ce n'était qu'un mauvais rêve. **Cependant, quand** j'ai mis ma main dans ma poche, j'ai découvert… les biscuits !

À ton tour, remplace ou ajoute des adverbes pour enrichir ton texte.

très	vraiment	particulièrement	intensément	excessivement
fort	extrêmement	infiniment	profondément	énormément
supra	étonnamment	absolument	vivement	incroyablement
partout	étrangement	réellement	terriblement	

3 La production de ton texte

Écris ton texte au dos de cette feuille ou sur un cahier en utilisant certains de ces outils.

4 Point d'étape

As-tu été attentif à utiliser des mots qui ont enrichi ton texte ? ☐ OUI ☐ NON

Nom : .... Date : ....

4★ Relire et enrichir ton texte

1 Les différentes formes des noms

Voici les différentes manières avec lesquelles les auteurs désignent ces 2 personnages.
Pour chaque personnage, barre l'intrus.
Tâche dans ton texte de proposer des manières différentes de nommer ton personnage afin d'éviter les répétitions.

Le cobra		**La sœur**	
le Grand Cobra Magique la pièce rarissime cette merveille	Lionel l'animal lui il	une petite sœur quelque chose qui gigote le truc Joséphine	ma puce ma chérie elle tu

2 La grille de réussite

En relisant le texte que tu as produit, coche les cases de la grille de réussite.
Si nécessaire, enrichis ton texte.

CE QUI ÉTAIT ATTENDU :

Le récit	Tu as proposé un objet magique.	☐ OUI ☐ NON
	Tu as mis un personnage en relation avec cet objet magique.	☐ OUI ☐ NON
Les petits mots qui relient	Tu as utilisé **différents petits mots qui relient** : Ce jour-là, soudain, ensuite, finalement, etc.	☐ OUI ☐ NON
	Écris ici les petits mots que tu as utilisés :	
Les mots des émotions	Tu as utilisé des mots qui enrichissent les émotions.	☐ OUI ☐ NON
	Écris ici des exemples qui le prouvent :	
Plusieurs mots pour les personnages	Tu as utilisé plusieurs mots pour désigner les personnages.	☐ OUI ☐ NON
	Écris ici des exemples qui le prouvent :	
À la fin	Tu as relu pour corriger l'orthographe.	☐ OUI ☐ NON
	Tu as fait attention au soin et à ton écriture.	☐ OUI ☐ NON
Lecture	Tu as fait lire ta production à un camarade.	☐ OUI ☐ NON
	Tu as lu la production d'un camarade.	☐ OUI ☐ NON

Nom : .... Date : ....

4 Relire et enrichir ton texte

1 L'objet magique à la fin des textes

Lis ces chutes possibles des différents textes contenant un objet magique.
À ton tour, compose une chute originale pour ton texte.

Fin n° 1 : à la fin, l'objet magique a gagné.

La montre ne fonctionnait plus ! J'étais coincé dans un monde où le temps s'était arrêté.

Fin n° 2 : à la fin, le héros trouve le moyen de se débarrasser de l'objet magique.

Alors, rapidement je lui ai répondu : « Tu la veux ? Je te la donne ! Si, j'insiste ! »

Fin n° 3 : à la fin, le héros est déçu.

« Ton vœu sera exaucé pour une journée seulement. Alors profites-en ! »

Fin n° 4 : à la fin, le héros ne sait pas comment ça va finir.

« Je ne savais plus comment réparer les bêtises écrites avec mon stylo magique. »

2 La grille de réussite

En relisant le texte que tu as produit, coche les cases de la grille critériée.
Si nécessaire, améliore ton texte.

CE QUI ÉTAIT ATTENDU :

Un récit	Tu as utilisé **la structure d'un récit.**	☐ OUI ☐ NON
Les petits mots	Tu as utilisé **différents petits mots qui relient.**	☐ OUI ☐ NON
La cohérence	Tu as maintenu une seule forme verbale (passé, présent).	☐ OUI ☐ NON
Des adverbes	Tu as organisé et enrichi ton texte, notamment par des **adverbes**.	☐ OUI ☐ NON
Un élément original	Tu as conclu avec une idée assez originale.	☐ OUI ☐ NON
	Quelle émotion penses-tu que cette conclusion va produire ? ☐ de l'étonnement ☐ de l'amusement ☐ de l'émotion ☐ de la joie	
À la fin	Tu as relu pour corriger l'orthographe.	☐ OUI ☐ NON
	Tu as fait attention au soin et à ton écriture.	☐ OUI ☐ NON
Lecture	Tu as fait lire ta production à un camarade.	☐ OUI ☐ NON
	Tu as lu la production d'un camarade.	☐ OUI ☐ NON
	Quand tu te relis, quel passage de ta production préfères-tu ?	
Satisfaction	Qu'est-ce qui à ton avis est le plus réussi dans ta production ?	

DANS LA MÊME COLLECTION

Conçu & fabriqué en France

Directrice éditoriale : Céline Lorcher
Édition : Maxime Lafon
Création maquette (couverture et intérieur) : Bertrand Loquet
Adaptation maquette, mise en page : Nina Bahsoun
Corrections : Bérengère de Rivoire

N° de projet : 10305537
Achevé d'imprimer en septembre 2025 chez Chirat

Ce livre est imprimé sur du papier issu de forêts gérées durablement.